苏州市社会科学基金重点项目：苏州市"苏城善治"社会治品牌路径研究（Y2021ZD017）成果；2023年度江苏省高校哲学社会科学研究一般项目：高职院校思政课实践教学系统架构与路径创新研究（2023SJSZ0904）成果

公共权力行使主体的社会化监督研究

王周刚 / 著

图书在版编目（CIP）数据

公共权力行使主体的社会化监督研究 / 王周刚著. -- 北京：中国纺织出版社有限公司，2023.12
ISBN 978-7-5229-0563-1

Ⅰ.①公… Ⅱ.①王… Ⅲ.①国家 – 公共管理 – 研究 – 中国②社会化 – 监督职能 – 研究 – 中国 Ⅳ.① D63-3

中国国家版本馆CIP数据核字（2023）第077013号

责任编辑：郭 婷 责任校对：江思飞 责任印制：储志伟

中国纺织出版社有限公司出版发行
地址：北京市朝阳区百子湾东里A407号楼 邮政编码：100124
销售电话：010—67004422 传真：010—87155801
http://www.c-textilep.com
中国纺织出版社天猫旗舰店
官方微博 http://weibo.com/2119887771
天津千鹤文化传播有限公司印刷 各地新华书店经销
2023年12月第1版第1次印刷
开本：710×1000 1/16 印张：13
字数：170千字 定价：88.00元

凡购本书，如有缺页、倒页、脱页，由本社图书营销中心调换

前　言

现代国家民主制度的重要标志,是国家不允许有绝对专断权力的存在,国家的一切权力,都应处于有效的监督和控制之中。马克思在创立国家理论时,把权力监督作为其新型无产阶级国家的重要基石。建立以符合中国国情为核心的公共权力行使主体的社会化监督是中国特色社会主义国家监督体系的本质特点和根本内容。新时期,治国理政进程中国家权力监督面临的新情况、新问题,必然要求公共权力行使主体的社会化监督要建立符合中国国情的体制机制。

本书深度分析了公共权力行使主体的社会化监督的理论渊源、时代内涵,全面阐释了公共权力行使主体的社会化监督的建构价值、系统构成、路径探析,进一步阐述了公共权力行使主体的社会化监督的有机体系。

第一,本书研究了公共权力行使主体的社会化监督的理论渊源、历史溯源、实践之源,并对公共权力行使主体的社会化监督相关内涵进行厘定。内涵厘定的对象主要有:权力、马克思主义权力观、马克思主义社会监督思想、社会化、监督,在此基础上阐明了公共权力行使主体的社会化监督的具体内涵。

第二,本书阐明了公共权力行使主体的社会化监督的研究目的。国家权力监督体系的主要构成有:政治监督、法律监督、经济监督、公共权力行使主体的社会化监督;其中重点阐释了政治监督是国家权力监督体系顶层设计的建构核心,法律监督是国家权力监督制度保障的灵魂,经济监督是国家权力监督实践趋向的重点,公共权力行使主体的社会化监督则是国家权力监督践行的坚实基础。

第三,本书探析了公共权力行使主体的社会化监督的时代特征及建构价值,当前在"四个全面"战略布局和新发展格局中,公共权力行使主体的社会化监督与"四个全面"战略布局和新发展格局存在着必然的内在联系,全面建设社会主义现代化国家为公共权力行使主体的社会化监督提供坚实的社会基础，全面深化改革为公共权力行使主体的社会化监督提供广袤的实践平台，全面依法治国为公共权力行使主体的社会化监督提供强力的制度保障，全面从严治党为公共权力行使主体的社会化监督提供科学的典型示范，公共权力行使主体的社会化监督则为"四个全面"战略布局和新发展格局提供新的活力和持久的动力。

第四，本书系统论述了公共权力行使主体的社会化监督的构成及各自功能。以马克思列宁主义、毛泽东思想、邓小平理论、"三个代表"重要思想、科学发展观、习近平新时代中国特色社会主义思想为指导，以群众监督、舆论监督、社团组织监督、政协监督为载体，厘定群众监督、舆论监督、社团组织监督、政协监督的概念、特征及其作用。

第五，本书以马克思的社会有机体理论为原点，时空结合，建构公共权力行使主体的社会化监督有机体。针对当前公共权力行使主体的社会化监督中存在的问题和缺陷，在时间建构方面，包括完善事前监督、事中（过程）监督、事后监督等；在空间建构方面，实现自上而下、由里及外、虚实结合、国内与国外相结合，建构公共权力行使主体的社会化监督有机体。

第六，本书阐释了公共权力行使主体的社会化监督的实践路径。从可持续性、有序、可行性等角度，结合公共权力行使主体的社会化监督在实践路径中可能存在的障碍，根据戴明的 PDCA 循环原理，阐述了公共权力行使主体的社会化监督的践行程序，形成公共权力行使主体的社会化监督的长效机制。

公共权力行使主体的社会化监督并不是一蹴而就、朝令夕成的，它的实现是一个循序渐进的过程，是随着社会主义民主政治建设的不断深化慢慢走向成熟的过程，在新时期必然要体现人民当家作主的本质要求，要体现公共权力行使主体的社会化监督"看得见的正义"的力量。

王周刚

2023 年 3 月

目 录

绪 论 ·· 001

第一章 公共权力行使主体的社会化监督内涵论 ················· 013
    第一节 权力 ··· 014
    第二节 马克思主义权力观与社会监督思想 ····················· 016
    第三节 公共权力行使主体的社会化监督 ························ 021

第二章 公共权力行使主体的社会化监督目的论 ················· 033
    第一节 政治监督是国家权力监督体系顶层设计的建构核心 ······· 034
    第二节 法律监督是国家权力监督制度保障的灵魂 ············ 041
    第三节 经济监督是国家权力监督实践趋向的重点 ············ 046
    第四节 公共权力行使主体的社会化监督是国家权力监督践行的
           坚实基础 ··· 053

第三章 公共权力行使主体的社会化监督价值论 ················· 059
    第一节 公共权力行使主体的社会化监督的时代特征及实现条件 ··· 061
    第二节 公共权力行使主体的社会化监督的建构价值 ········· 069

第四章 公共权力行使主体的社会化监督载体论 ················· 083
    第一节 人民群众监督 ··· 084
    第二节 舆论监督 ··· 096
    第三节 社团组织监督 ··· 115
    第四节 政协监督 ··· 120

第五章　公共权力行使主体的社会化监督有机体论 …… 125
第一节　马克思社会有机体理论 …… 126
第二节　公共权力行使主体的社会化监督有机体效能联动的内涵及原理 …… 130
第三节　时空结合，建构公共权力行使主体的社会化监督有机体 …… 142

第六章　公共权力行使主体的社会化监督路径论 …… 155
第一节　公共权力行使主体的社会化监督的实践路径 …… 156
第二节　公共权力行使主体的社会化监督的发展趋向 …… 181

第七章　结　论 …… 193

参考文献 …… 197

后　记 …… 201

绪 论

一、问题提出与意义

人类文明的发展是与权力的产生、发展一起进行的。人类对于如何控制和约束权力的探索也是与权力现象相伴随而发展的。权力制约和监督是人类自产生和发展以来在社会科学领域所进行的重要研究。如何有效地加强对权力的监督，无论在任何时期都是所有国家和社会共同关注的重大课题。随着社会生产力的发展，公共权力行使主体的社会化监督在对权力的制约和监督体系中扮演着越来越重要的角色，也会随着政治文明前进的步伐，产生越来越深远的影响。

（一）理论渊源

梳理马克思权力监督思想，对于更好地运用马克思主义理论指导我国公共权力行使主体的社会化监督，更好地把握马克思权力监督的思想精髓，具有重要的理论指导价值和现实借鉴意义。

马克思权力监督思想是一个不断探索和深化的过程，马克思、恩格斯在研究权力监督的伊始，就表明，无产阶级国家政权由于国情和实际情况要实施分工制和代议制，权力监督是历史发展的必然。代议民主制是资产阶级国家的一种政权组织形式。在代议民主制下，资产阶级政府采用普选制方式维护资产阶级统治。资产阶级国家还实行三权分立，即立法、行政和司法的分离。马克思在总结巴黎公社起义和《法兰西内战》中提出"工人阶级不能简单地掌握现成的国家机器，并运用它来达到自己的目的"的教训和经验，他又指出，打破维护资产阶级利益的国家机器，并不是否定资产阶级国家的一切政权组织方式，要批判吸收资产阶级国家的一些民主举措，对于无产阶级国家政权而言，权力的监督和制约十分必要。这是由于：

首先，巩固无产阶级政权的重要方式就是权力监督和制约。在总结巴黎公社起义经验和教训的基础上，恩格斯在《法兰西内战》单行本的导言中又进一步总结了巴黎公社的教训，他提出：公社一开始想必就认识到，工人阶级一旦取得统治权，就不能继续运用旧的国家机器来进行管理；工人阶级为了不致失去刚刚争得的统治，一方面应当铲除全部旧的、一直被利用来反对工人阶级的压迫机器，另一方面还应当保证本身能够防范自己的代表和官吏，即宣布他们毫无例外地可以随时撤换。以往国家的特征是什么呢？社会为了维护共同的利益，最初通过简单的分工建立了一些特殊的机关。这表明，恩格斯认为巩固无产阶级政权、防止权力滥用、贪污腐败等现象的重要方式就是无产阶级实施对公共权力机关及其工作人员的监督。

其次，实现人民权利、保障人民民主需要权力监督。马克思提出："从前有一种错觉，以为行政和政治管理是神秘的事情，是高不可攀的职务，只能委托给一个受过训练的特殊阶层，即国家寄生虫、俸高禄厚的势利小人和领干薪的人，这些人身居高位，收罗人民群众中的知识分子，把他们放到等级制国家的低级位置上去反对人民群众自己。现在错觉已经消除。"马克思把人民对公共权力机关及其工作人员的监督作为实现人民当家作主的重要途径。在现实条件下，一个国家的大多数人因为客观条件并不能直接进行国家管理，只能通过代议民主制的方式，选举代表去行使相关权力、管理国家事务。而行使相关权力、管理国家事务，只能是一个被人民选举、代表人民的特殊阶层。如何保证这些代表执行人民的意志、从事国家各项事务的管理工作，便是充分实现人民当家作主的重要路径。当被人民选举的代表不能有效执行人民意志，履行人民权利，人民当家作主就只能停留在纸上。而实现人民选举的代表永远维护人民的根本利益，更好地服务于人民，最重要的办法是将公共权力机关及其工作人员置于人民的全面监督之下，一旦不能代表人民，就要被人民随时监督和罢免。

由于具体历史条件的制约和无产阶级在与资产阶级斗争中经验的不足，马克思、恩格斯权力监督思想主要是基于总结巴黎公社的教训和经验提出的，主要是从客观和主观两方面阐述人民对公共权力机关及其工作人员实施监督对无产阶级政权的重要价值和意义，而不能对公共权力行使主体的具体监督制度进行科学的阐述，但马克思权力监督思想对于公共权力行使主体的社会化监督研究有着极大的指导意义。

（二）历史溯源

5000多年前，公共权力行使主体的社会化监督已成为古时实现人民监督的一种重要方式。《国语·周语上》提到："防民之口，甚于防川，川壅而溃，伤人必多，民亦如之。是故为川者，决之使导；为民者，宣之使言。"《吕氏春秋·自知篇》有记载："尧有欲谏之鼓，舜有诽谤之木。"《管子·桓公问》中提到："黄帝立明台之议者，上观于贤也；尧有衢室之问者，下听于人也。"文中明确指出，明台、衢室为黄帝、尧采纳民意的场所。夏时，夏禹虚怀纳谏，广开言路。《汉书·食货志》记载："孟春之月，群居者将散，行人振木铎徇于路以采诗，献之太师，比其音律，以闻于天子。"《鹖子》中提到："禹之治天下也，以五声听，门悬钟鼓铎磬，而置鼗，以得四海之士。"

西周时，诗歌盛行，诗歌成了公共权力行使主体的社会化监督媒介，朝廷设采诗官到民间采诗，以此了解国情、民情，"命太师陈诗以观民风"。我国古代公共权力行使主体的社会化监督的主要形式为建言献策、报纸舆论监督等。建言献策是我国古代旨在防止君主决策失误、独断专行而出现的一种自下而上的监督制度，在先秦时已经开始探索，秦汉时期建立起来，隋唐正式确立，两宋时期逐渐衰弱，明清时日渐凋零。

秦始皇统一六国后，"匡正君主，谏净得失"，实施言谏制度。言谏制度主要包括两个方面：一是施行议事制度，遇到分封、宗庙、立君等重大事项时，召集朝廷重臣集中议事。二是成立专门的谏官，谏官一般都是兼任，人数也不完全一致，往往数人或数十人；言谏形式有议事、上书言事等，因为秦朝皇权至高无上，言谏制度的作用甚微。

两汉时期，言谏制度比秦时有了一定的发展，言谏在实施上也有了较为宽松的环境,这与汉高祖刘邦的"豁达大度,从谏如流"有着紧密的关联。谏官的种类也比秦时更多,包括太中大夫、中大夫、给事中等,这些并不是专职。在这一时期,两汉政权还根据需要制定了一系列新的监督法令,例如防止诸侯结党营私、限制地方封国势力的《左官律》、"阿党附益之法"和《酎金律》,还有允许百姓可以对官吏为政情况进行考核的《上计律》,规定地方诸侯不得僭越尊卑的《尚方律》等。这些监督法令对于从中央到地方大小行政官吏的行为和权力进行了明显的规定和限制,是封建王权进行王权统治、加强监督的重要内容。

隋朝时期,门下省作为隋时三大中枢系统,其监督权力进一步扩大,封驳权也确立了下来。唐朝沿用了隋朝的这一建制,言谏制度发展更加迅速,门下省的监督权力进一步扩大。《旧唐书·职官志》中提到:"谏有五:一曰讽谏,二曰顺谏,三曰规谏,四曰致谏,五曰直谏。"言谏制度可以针对国家重大事项以及皇帝的个人生活,提出建议和看法。报纸作为一种新的传播方式,在唐朝时就出现了,但此时的报纸是有局限性的,主要局限于封建王权所发行的官报。而报纸舆论监督作为公共权力行使主体的社会化监督除言谏、歌谣、著书等之外的一种监督方式,在唐朝发展缓慢。报纸中的内容,特别是一些地方报纸,偶尔会出现揭露社会现实和维护封建王权的内容,在一定程度上也能起到监督权力、参与国家事务的作用。

报纸在随后也进一步发展了起来,宋朝的"邸报"则具有了更多报纸的特性,针对性、现实性体现得较为明显。这项监督制度的制定和执行也在一定程度上加强了对权力的监督,但因为封建王权的存在,很多报纸内容必须要维护封建王权和统治阶级的需要。从已有的史料中也可以看出,宋朝的报纸没有揭露封建王权黑暗的内容存在。但宋朝一种非官方的报纸"小报"与官报有着明显的不同,这种报纸刊登了很多官报中没有的内容,有些内容对当时的统治阶级也进行了一定的批评。当阶级矛盾不可调和、不断尖锐的时候,"小报"虽然也有以讹传讹、弄虚作假、虚张声势的问题,但也成为社会各个阶层争相使用,刊载一些针砭时弊、呼吁改革、惩治汉奸、抵御侵略的重要渠道。"小报"在实现过程中因为自身限制，只能在一定范围内通过刊登来表明自己的观点和看法，在一定程度上成为一部分知识分子对封建王权表露心声的场合。"小报"也正是因为对封建王权以及统治阶级政权的揭露和指责，触犯了统治阶级的利益，"小报"也一直被封建统治阶级所打击和禁止，虽然在一定时期能够发挥一定作用，但终究难以撼动封建王权，虽一直存在，但未有明显作用。

明朝实行高度集中的封建君主专制制度，废中书省，设立六部。在六部之外，另设吏、礼、户、兵、工、刑，是北宋时期六房制度的继承和发展，《明史·职官志三》中提到："掌侍从、规谏、补阙、拾遗、稽察六部百司之事"，具有封驳、言谏、弹劾等权责。明朝官报一直被称为"邸报"。在明朝对于言谏制度控制非常严格，监督在明朝时期也很难发挥作用，但"邸报"中一些被报道的突发事件、社会新闻等，在一定程度上拓展了公共权力行使主体的社会化监督的内涵和外延。

清朝封建君主专制制度不断被加强，"六科给事中掌发科钞，稽察在京各衙门之政事"。在雍正之后，六科皆隶属都察院，六科给事中归由都察御史考核，台谏合一。梳理清朝反腐惩贪案件，会发现在大多数案件中，监察机关即都察院及其所属的监察御史、给事中等官员的作用非常有限。清朝初期规定"胥役市贩"禁止阅读官报，官报只为朝中官员维护封建统治阶级服务，又因为清朝文字狱盛行，所以，无论报房出版的内容，还是民间出版的小报基本都是官报的进一步翻印，内容千篇一律，很少看到有关公共权力行使主体的社会化监督的内容。

在漫长的封建君主专制制度中，一批批人进行着艰难的探索，以言谏制度、百姓监督、古代报纸少之又少的新闻舆论监督等为代表的中国古代公共权力行使主体的社会化监督，以建言献策、限制封建王权为目的，为中国古代社会的发展和中华文化的传承起到了重要的作用，影响巨大。

但是，总的来看，在中国古代，因为封建王权的存在，百姓能够正常表达自己意愿的机会很少，公共权力行使主体的社会化监督也缺乏有效的整合，并没有制度保障，呈现出滞后、无序、分散、脆弱的现状，最多就是一些个体在特殊时期、特殊阶段能够对国家政权以及社会事务有一定的监督。从长远来看，中国古代所进行的公共权力行使主体的社会化监督，往往局限于献言进谏等简单的监督方式，其根本目的还是维护封建统治阶级的利益，而不是真正的为人民着想。封建君主专制所体现的就是人治而非法治，公共权力行使主体的社会化监督在中国古代社会所存在的空间狭小。所以，古代公共权力行使主体的社会化监督强制力无法实现，注定要随着高度集权的封建君主专制不断强化而走向式微。

通过对中国古代公共权力行使主体的社会化监督历史脉络的梳理，我们可以清楚地看到在这其中也有着中华传统文化的闪光点和可借鉴之处，从其发展规律中可以看出，它有着一定的阶级性和历史性，有些事例对当今的公共权力行使主体的社会化监督有着很强的借鉴意义。

（三）实践之源

在信息化高度发达和社会利益日益分化的新形势下，国内外一些国家和地区党派坚持社会化监督、拓宽群众政治参与的途径，在公共权力行使主体的社会化监督实践中各有优势。

20世纪50年代，新加坡的违法乱纪、贪污腐败案件层出不穷。在新加坡人民行动党自1959年掌握政权后，实行全面的社会化监督。新加坡政府指出，政府执政与领导必须公正廉明，不允许出现权力的"真空"现象，即"为了生存，必须廉政；为了发展，必须反贪"。新加坡反贪局要求接到公众检举的贪污投诉后，须在一个星期内给予书面投诉者答复，而亲自上门者须当场答复。新加坡进行反贪的很多证据就来自公众的举报和投诉，近年来，新加坡反贪局每年接到很多违法乱纪、贪污腐败等案件的举报和投诉，并即刻进行处理，民众支持率和满意度较高。

主动接受公共权力行使主体的社会化监督的还有瑞典、挪威等国家。瑞典、挪威等国家的公正廉洁度也非常高，特别是瑞典，在清正廉洁方面在国际反贪反腐中也是排名靠前。瑞典的每一个公民想了解国家领导人和普通官员的收入，都可以直接给税务局打电话咨询，也可以查看政府所有官员的纳税清单，税务局的工作人员会按规定向民众提供相关内容，也不会询问目的和意图。瑞典的政府部门外没有设置军警执勤。瑞典对国家道德体系建设的巨大投入使得瑞典的政府在行政等方面公正廉洁，在相当大的程度上减少了贪污腐败事件的发生。

在公共权力行使主体的社会化监督形式上，新闻舆论监督是一些发达国家和地区的重要监督方式。美国克林顿的性丑闻、尼克松"水门事件"、日本田中角荣的"洛克希德"事件等能够出现在大众视野中，就依靠了公共权力行使主体的社会化监督。在一些国家，往往都有一些专门的人员在密切关注着政府人员的动向，这对公共权力的行使主体是一种强有力的约束，也是一种强大的威慑。

我国公共权力行使主体的社会化监督可以借鉴一些好的监督模式，更要一切从实际出发，从我国的基本国情出发，逐渐形成一条对自身最为有利的公共权力行使主体的社会化监督之路，逐步实现对公共权力行使主体内部监督和外部监督的结合，加强权力运行透明化，促进民主政治建设和发展，最终形成中国特色的公共权力行使主体的社会化监督。

二、国内外文献综述

（一）关于公共权力行使主体的国内外研究现状

国内专门研究公共权力主体的论文和著作相对较少，对国家公共权力主体论述比较多的是陆德山的《认识权力》。陆德山指出，在客观现实条件下，很多人在全力谋求权力，争做公共权力主体。政治权力往往是由少数人来掌控和运行，一部人一旦成为公共权力主体，就会与权力相互交织，处于一种紧密的联系中。陆德山在《认识权力》一书中还阐述了公共权力主体的产生途径及公共权力主体应具备的条件。公共权力主体是社会现实条件下的权力享有者，社会是不断发展的，不同的社会发展阶段，各种公共权力主体的产生方式、产生途径也各有不同，公共权力主体的产生也随着人类社会生产力的发展而不断运动和变化。

刘作翔认为:"在现代国家和政治形式下,人民不可能都直接去行使民主权利,而是要通过各种各样直接的或间接的方式去实现民主权利。在现代社会中,直接民主制只能在一个很有限的范围和领域内行使,更多的则是间接民主制形式。在现代条件下,间接民主制主要表现为代议制。在中国,则是人民代表大会制。"王成志指出:"在社会主义条件下,人民是一切权力的主人,享有管理国家和社会事务的权力。但是,由于主客观条件的限制,在现实社会主义中,人民还不能普遍地、直接地从事国家和社会事务的管理,而是通过一定的法定程序来选举能代表广大人民的意志和利益的官员或公仆,由他们组成国家的立法、司法、行政机关来行使国家和社会的管理权。"俞可平认为:"在人类政治发展的今天和我们可以预见的将来,国家及其政府仍然是最重要的政治权力主体。国家的政治权力在全球化时代急速地对内对外同时分流,越来越多的非国家组织开始分享原来属于国家所有的政治权力,权力主体比以前明显地增多了。"邵玉芹指出:"在民主政治中,国家权力的所有者和行使者分属两个不同的主体,国家权力主体不仅包括行使国家权力的人,还应包括国家权力的所有者,拥有、掌握和行使国家权力的人都应是国家权力主体。统治阶级是国家权力的所有者,但并不是所有的统治阶级成员都能掌握和行使权力,只是统治阶级的部分代表去掌握和行使国家权力。我们可以把国家权力的所有者称为国家权力的所有主体,把国家权力的行使者称为国家权力的行使主体。"

在我国,人民群众通过选举代表组成人民代表大会,各级人民代表大会选举产生出各级政府、法院和检察院等国家机关,各级政府、法院和检察院等国家机关作为国家公共权力的执行机关,必须对人民群众负责。马宝成认为:"新发展阶段,政府机构改革要尽可能减少具体审批事项,最大限度减少政府对市场资源的直接配置,要立足于进一步建立健全更加公平、更可持续的社会保障制度和公共服务体系,在涉及最广大人民群众切身利益的领域加大机构调整和优化力度,强化政府公共服务、社会治理职能,以更好地保障和改善民生。"周光辉认为:"当权力系于领导者一身时,不仅强化了决策的主观性、随意性,容易造成决策失误,而且又很难改正失误。"当公共权力行使主体掌握和运行国家权力的过程中,就有可能利用手中掌握的权力为自己谋取不正当利益,所以,当前我国必须加强对公共权力行使主体的监督和制约。孙学玉、杜万松指出:"现代国家从主权在民的逻辑起点出发对政治民主作了制度设计,作为公共权力主体的公民直接参与到政府行使行政权的过程中,以防止行政权的滥用便是一种历史演进的必然逻辑。"

  国外关于公共权力主体的分析和研究与现代民主理论的产生与发展是紧密结合的。为了对抗封建王权的现实诉求,资产阶级提出了人民主权理论。人民主权理论认为公共权力应来源于人民,人民应该成为现代民主国家的公共权力所属主体,人民才是国家公共权力的掌控者和拥有者。人民要把自己掌控和享有的公共权力交付给那些有能力和愿意执行的人去行使公共权力,这些行使公共权力的人就成为公共权力的行使主体。如何获得公共权力所属主体的委托和信任,执行和运用公共权力,精英民主理论也进行了系统的研究和分析。精英民主理论的代表熊彼特提出:"民主方法就是那种为作出政治决定而实行的制度安排,在这种安排中,某些人通过争取人民选票取得作决定的权力。"精英民主理论认为现代国家的民主指的就是把公共权力交给那些得到民众多数支持的社会精英,这些精英通过合法的竞争手段和选举途径,通过得到民众多数支持来得到公共权力,最终成为公共权力的行使主体。卢梭曾指出:"英国人民自以为是自由的;他们是大错特错了。他们只有在选举国会议员的期间,才是自由的;议员一旦选出之后,他们就是奴隶,他们就等于零了。在他们那短促的自由时刻里,他们运用自由的那种办法,也确乎是值得他们丧失自由的。"不论是代议民主理论,还是精英民主理论,在形成和发展的过程中都有这样或那样的问题,协商民主理论也就慢慢地出现了。帕特南提出:"民主的重要特征就在于政府不断地对其公民的意愿做出回应。"选举民主要求少数服从多数,这就极有可能使得多数人的利益、愚昧和无知凌驾于少数人之上，进一步损害了少数人的利益，导致多数人暴政。在很长一段历史时期围绕政治权力的争斗往往以政变、暴动、暗杀、战争等非常残酷的形式出现，尤其是权力交接过程往往伴随军事对抗和社会动荡，这种非制度化的权力争斗不但给人类带来沉重的苦难，而且不利于民主政治的发展。

（二）关于公共权力行使主体的社会化监督的国内外研究现状

为了防止人们权力滥用和使用手中的公共权力为个人谋取一己之私，目前我国必须加强对公共权力行使主体的社会化监督，不断健全和完善各项监督形式和监督制度。兰运华强调："依法监督是社会主义法治国家的本质要求。进一步加强监督制度建设，形成完整的具有中国特色社会主义的监督制度体系，是依法监督的基础和条件，监督制度体系至少要在三个层面进行制度构建和制度创新：一是法律监督制度；二是党政内部监督制度；三是民主党派、新闻舆论、人民群众监督制度。"如何实现公共权力行使主体的社会化监督，国内不少学者进行了不少有益的探讨。从整体建构角度而言，陈国权从剖析我国公共权力运行制约和监督存在的现实困境及根源出发，以公共权力运行制约和监督的基本理论研究为学理基础，以权力制约监督理论框架为指导，建构符合当前中国经济政治社会发展现实的权力制约监督体制，推动我国政治文明建设的科学实现。马怀平指出，在我国社会主义条件下，公共权力行使主体的社会化监督具有非常重要的作用和处于非常显要的地位，一方面要对政党、国家机关及其公务人员的全部行为进行及时有效的监督，以维护每个公民的正当合法利益和基本权利；另一方面，要通过国家法律约束和监督机关对公民行为和社会活动的监督防范，维护社会主义道德规范，保证社会运行的正常秩序。

从公共权力行使主体的社会化监督具体个案角度出发，张华指出，在我国从计划经济向市场经济过渡的转型过程中，群众监督形态发生了由被动型到主动型、激情型到理性型、工具型到价值型的演变。为推动群众监督制度化建设，必须不断拓宽群众监督渠道，完善群众监督体制。实现群众监督现代化，对维护社会稳定、建设社会主义民主政治有着重要意义。赵三军指出，在新的历史时期里，我们要充分调动广大群众反腐败的积极性，团结和动员浩浩荡荡的群众性反腐败力量，以更扎实有效的措施，把广大群众的智慧和力量在反腐败斗争中最大限度地发挥出来。人民民主越广泛，群众发动越充分，对权力运行的监督就会越有力。田旭明认为，制度反腐与网络反腐的互动互促有其现实必要性。网络反腐与思想道德教育机制、反腐倡廉制度体系、权力运行机制、惩治和预防机制的互动互促，可以提升反腐倡廉实效。

西方对于公共权力行使主体的社会化监督研究成果集中体现在分权制衡的理论上。为了防止权力滥用、贪污腐败和违法犯罪的出现，保证公共权力有效运行，西方很多学者在与封建王权斗争的过程中提出了分权制衡理论。洛克在《政府论》中指出，国家权力应划分为立法权、执行权和对外权三个部分。立法权是国家的最高权力，由人民选举产生，执行权和对外权由国王掌握，立法权、执行权、对外权互相制约，并在此基础上建立起君主立宪的国家。随着西方民主政治、民主建设的不断发展，如何更好地满足公众的需要，更好地协调政府与公民的关系于20世纪90年代后，西方"善治"理论逐渐产生并发展起来。善治是使公共权力和公共利益最大化的民主管理过程，体现了公共权力行使主体和公民对公共权力和民主生活的共同管理和监督制约，是民主政治和社会治理有效结合的路径之一。美国思想家约瑟夫·奈将公共权力分为有形的硬实力和无形的软实力，实现"善治"必须对有形的硬实力和无形的软实力进行有效的使用。约瑟夫·奈认为："文化、政治价值观以及外交政策不是产生软实力仅有的来源，硬实力也能产生软实力。""政治体系能否自我改革以应对上述提到的问题仍有待观察。"杰瑞米·波普提到"随着权力从中央政府下放到地方当局，腐败的机会也向下转移至新的行为者手中，而这些行为者与公民社会有着更为直接的接触，这就意味着公民监督、调查并制止公务人员行为的能力由于他们贴近和熟悉当地的问题而提高了。实际上，公民社会可以成为训练营地,人们在此学习经验、培养信心,已准备推动全国性的反腐运动。"

国内外许多专家学者从不同的角度对公共权力行使主体的社会化监督等问题进行了研究,取得了一些有益的研究成果,这些研究成果为本书提供了珍贵的文献资料。与此同时,关于公共权力行使主体的社会化监督的现有研究成果存在着诸多薄弱环节和不足之处,如国内的有关研究成果期刊论文较多,未见学术专著;关于公共权力行使主体的社会化监督的构成主体还没有统一的说法和深入的阐述,公共权力行使主体的社会化监督的时代特征、条件和产生还没有学者系统地概括和论述;公共权力行使主体的社会化监督的内在构成之间的联系以及在整个建构中具体的功能定位还没有全面阐述;公共权力行使主体的社会化监督建构体系也还没有进行深入探讨;国外的有关研究成果散见于民主政治与"三权分立"思想之中,西方的国情及政治制度与我国有着根本的区别,有些问题,因国体、政体原因,研究存在着很大的差异。本书在对已有研究成果批判分析的基础上,对公共权力行使主体的社会化监督的基本理论进行了系统阐述,从内在联系以及整体建构的角度,深入分析促进当代中国政治体制改革需要解决的一系列理论和实践问题,力图提出一些有价值的结论和见解。

第一章

公共权力行使主体的社会化监督内涵论

国家权力是伴随阶级和国家的产生而出现的，是统治阶级运用国家机器及工具手段来实现其阶级统治和社会管理的特殊存在和重要力量，是一种特殊的公共权力。国家权力作为一种特殊的公共权力，对一个国家的全体社会成员都有强大的控制力、约束力和支配力，具有鲜明的威慑力和强制性。国家权力是人们政治生活的中心，夺取、参与、巩固、监督一定的国家权力是任何阶级、组织和集团政治活动的重要目标。公共权力行使主体的社会化监督是一个使用频率不多，在目前较少进行准确定义的词语，要想结合时代特点进行既明确又精练的界定，同时能被大家所认可的定义是一个比较艰巨的任务，这就需要我们对权力的内涵、马克思主义权力观、马克思主义社会监督思想、监督、社会化等概念进行一一厘定，才能更加精确地把握公共权力行使主体的社会化监督的内涵。

第一节 权力

一、权力的概念厘定

目前对权力的定义可以归纳为以下四个方面：

一是控制说。克特·W.巴克认为，权力是在个人或团体的双方或多方之间基于利益关系基础上所产生的冲突，并对此进行强制约束的一种控制。美国管理学家弗兰奇和雷文也将权力定义为一个人具有并施加于他人或社会的一种约束力和控制力。

二是力量说。《现代汉语词典》中"权力"的含义：一是指政治上的强制力量；二是指职责范围内的支配力量。《社会学词典》中指出：权力是一种约束性、强制性的社会力量，权力运行的主体利用这一力量控制或影响客观对象，并实现权力对象或客体屈从于自身。法国管理学家法约尔认为，权力是强迫别人服从或下达命令的一种权力和力量形式。

三是关系说。很多学者注重从公共权力主客体之间的辩证关系角度出发来对权力进行解释。《不列颠百科全书》提出，权力是个人或许多人的行为和结果使另一个人或其他许多人的行为和结果发生改变的一种关系。汉斯·摩根索对权力的界定是指一个人对他人的行动或结果的约束和控制，公共权力指的是公共权威所有者的相互影响、相互作用、相互制约的关系以及他们与其他所有人之间的相互关系。

四是能力说。英语中的权力即 power，指的是能力，是从拉丁语中的"能够"延伸出来的。所以，很多学者对于权力的界定指的就是能力。对能力解读的代表人物是美国的罗伯特·达尔，他指出，影响力或权力是一个人制约或影响其他人在某种程度上改变自己的行为和结果的能力。

上述关于权力的定义从不同的侧面反映了权力的现象与本质，也是我们认识权力现象与权力本质的理论基础，具有十分重要的价值和意义。但是，这些对于权力的解释和论述又各不相同，并不能全面、有效、客观地阐释权力的内涵和本质。

二、权力的内涵

马克思主义权力观科学、客观地对权力进行了阐述，有效地解决了学者对于权力的内涵和本质有着不同见解的问题。马克思主义认为，要真正了解权力的内涵和本质，就必须从社会基本矛盾和人类社会发展规律中去探寻。唯物史观中提到，物质资料的生产方式是人类最基本的实践活动形式，人类在社会生产生活的过程中，相互作用、相互影响并在此基础上形成了一定的社会关系，其本质就是相互之间的利益关系。由于任何历史时期的社会利益总量是相对稳定的，如何进行利益分配就成为人们必须要重点关注并努力解决的问题。

何为权力？权力是人类社会中组织或个人依靠特定的条件或一定的优势对他人、组织或者社会所包含的一种特定的约束力、支配力或影响力的总称。具体来说，包含三个方面：一是权力存在于一定的社会关系中，一个人或一个组织无法构成社会性的权力制约关系；二是权力是指个人或者组织依靠特定的条件或一定的优势对于他人、组织或者社会的约束力、支配力或者影响力，在这其中，权力并不仅仅是约束力、支配力或影响力中的一种，而是各项的综合；三是权力以强制性、威慑力作后盾，这是权力在运行过程的本质特征。强制性、威慑力是权力本质特征的集中体现，是权力与其他影响力的本质区别之一，权力在特定的社会历史条件下离不开强制性、威慑力。恩格斯指出，构成这种权力的，不仅有武装的人，还有物质的附属物，如警察、监狱和各种强制机关，这表明权力与强制性、威慑力存在着紧密的联系，准确地表明权力的本质特征。公共权力是由人来掌握和行使的，公共权力的运行离不开特定的公共权力行使主体。

第二节　马克思主义权力观与社会监督思想

一、马克思主义权力观

马克思主义权力观思想是马克思主义学说的重要组成部分，马克思主义学说作为中国共产党的指导思想，其权力观的相关思想对于公共权力行使主体的社会化监督研究有着重要的借鉴价值和意义。不管什么国家都要重点解决的难点就是，如何建立健全权力运行的监督制约机制，通过公共权力启动合乎人们期望的政府功能，满足人民的需要并赢得公民的合法性认同。现代政治学的主要观点认为"权力是赢得的，不是夺取的"。基于解决这一难点的客观现实，人们对于权力的界定也各不相同，在理论研究、方法使用、内容阐释上也都有各自的观点，形成了不同的权力观。马克思主义权力观是人们对权力的总观点和总看法，包括对权力的本质、权力的基础、权力的来源、权力的运行和权力的监督等问题的认识和看法，它是世界观、人生观、价值观的集中体现和现实反映。

马克思在总结巴黎公社教训和经验时提到："无产者在全社会面前负有消灭一切阶级和阶级统治的新的社会使命，只有在这一使命激励下的无产者才能够把国家这个阶级统治的工具，也就是把集权化的、组织起来的、窃据社会主人地位而不是为社会做公仆的政府权力打碎。"这说明，权力是以公共权力、国家政权为核心的人与人之间的利益关系，公共权力就其本质和基础层面来说是源于人民，人民通过某种方式选举代表或授权政府，由代表和政府行使公共权力来解决人们切实关注的问题，而公共权力机关及其工作人员则是公共权力的具体运行者。公共权力机关的主体是人民，但为了更好地运行与实施公共权力，国家机关将公共权力分配到不同的部门和人员。因此在行使与运行公共权力的过程中就会出现权力使用的复杂性和多重性，为了避免冲突和问题，必须对公共权力机关及其工作人员进行切实有效的监督。

我国是社会主义国家，公共权力机关及其工作人员的权力来自人民，人民是公共权力的本源和基础。我国宪法"中华人民共和国的一切权力属于人民"的规定，从理论和实践层面上都充分地体现了人民群众的地位和作用。我国的革命、建设和改革的一系列实践也充分说明，中国共产党从成立以来，都始终坚持人民群众是中国革命、建设和改革所取得辉煌成就的力量源泉。

中国共产党被赋予的权力，其理论基础、指导思想、根本宗旨和实践路线，同历史上一切统治阶级的权力，是完全不同的。我国的一切公共权力，都是中国共产党领导全国各族人民在革命、建设和改革进程中取得和实现的，本质上体现了人民当家作主。

人民是公共权力的主体，而不仅仅是公共权力的作用对象。马克思主义权力观，以历史唯物主义与辩证唯物主义为指导，在批判吸收公共权力相关研究成果的同时，立足于实践基础上形成了对公共权力的正确理解，真正实现了革命性与阶级性、先进性和科学性、理论性与实践性的统一，为公共权力行使主体的社会化监督提供了科学的理论指导。

二、马克思主义社会监督思想

马克思和恩格斯在总结巴黎公社的教训和经验时指明,人民群众掌握监督权是实现人民群众当家作主的根本保证之一,充分体现了马克思和恩格斯对社会监督思想的重视。

1871年3月18日,法国巴黎工人举行武装起义,推翻了当时资产阶级的统治,建立了人类历史上第一个无产阶级政权。马克思和恩格斯对这一无产阶级政权表现出了极大的热情并进行了高度评价:"公社实现劳动的解放——它的伟大目标——是这样开始的:一方面取缔国家寄生虫的非生产性活动和胡作非为,从根源上杜绝把巨量国民产品浪费于供养国家这个魔怪,另一方面,公社的工作人员执行实际的行政管理职务,不论是地方的还是全国的,只领取工人的工资。"在马克思、恩格斯所处的历史时代,建立社会主义国家虽不能立刻成为现实,只能是对未来的憧憬,巴黎公社也仅仅存在了72天,但马克思、恩格斯实事求是,依据正确的历史观,认清人类自身存在的问题,批判吸收了空想社会主义的思想,特别是批判吸收了温斯坦莱关于将对公共权力机关及其工作人员进行权力监督和制约作为民主政治制度的杰出思想,高瞻远瞩地提出了如何建设无产阶级国家和防止人民公仆变为人民主人的历史性课题。他们认为:"公社——这是社会把国家政权重新收回,把它从统治社会、压制社会的力量变成社会本身的生命力;这是人民群众把国家政权重新收回,他们组成自己的力量去代替压迫他们的有组织的力量;这是人民群众获得社会解放的政治形式,这种政治形式代替了被人民群众的敌人用来压迫他们的假托的社会力量(即被人民群众的压迫者所篡夺的力量)(原为人民群众自己的力量,但被组织起来反对和打击他们)。"即国家公共权力在地位上必须隶属于巴黎公社,权力要集中于人民之手,作为公共权力机关的巴黎公社必须"议行合一",绝不能只强调议而不注重行,甚至忽视行。由此说明,马克思、恩格斯所倡导的议行合一并不意味着否定分工制和代议制,而只是反对维护资产阶级根本利益和统治的政权。在马克思、恩格斯的指导下，巴黎公社委员的选举，成为无产阶级分工制和代议制的重要实践形式。

马克思、恩格斯重点强调了，在无产阶级的国家中也必须建立和实施公共权力行使主体的社会化监督机制，以便保证国家政权真正成为人民的公仆。公共权力机关工作人员真正成为人民的服务者。马克思说："他们既然是国家的一部分，那么他们的社会存在自然就是他们实际参加了国家。不只是他们参与国家大事，而且国家也参与他们的事情。要成为某种东西的有意识的部分，就要有意识地去掌握它的某一部分，有意识地参加这一部分。没有这种意识，国家的成员就无异于动物。"马克思曾高度赞扬巴黎公社创造的政权形式：由选民直接选举产生的委员对选民负责，并且选民可以随时监督和撤换他们的政权组织形式，"是伟大的创举"，是"真正无产阶级的政权"。无产阶级胜利后不可能立马消灭国家，需要有国家政权和国家机关的存在，需要民主政治、民主管理相关职能的实施，不过拥有公共权力的人员已经不能够像在资产阶级国家一样使自己凌驾于人民和社会之上，因为这些公共权力是人民赋予相关人员的，因而必须要置于人民的实时监督之下。

恩格斯深刻分析了无产阶级在建立政权后为什么还要大力加强对国家政权监督的原因。他在进一步总结巴黎公社教训和经验时提出：工人阶级在获得无产阶级政权后，不能继续使用原有的、旧的国家政权来进行管理。无产阶级为了更好地巩固新生政权，首先应消灭剥削和压迫无产阶级的原有政权组织形式，还应当表明由无产阶级选举的所有代表都用严格的被无产阶级监督和制约，要实现无产阶级可以随时撤换一些人员，保证无产阶级政权的本质属性。因此，恩格斯把工人阶级掌握对公共权力机关及其工作人员的监督权，当作巩固无产阶级政权的有效方式。这种方式在预防和制约公共权力机关及其工作人员出现权力滥用、违法犯罪是十分必要的。恩格斯指出，起初社会用简单分工的办法为自己建立了一些特殊的机关来保护自己的共同利益。但是，后来这些机关，而其中主要是国家权力，为追求自己特殊的利益，从社会的公仆变成了社会的主宰。这种情形不但在世袭的君主国内可以看到，而且在民主的共和国内也可看到。"为了防止国家和国家机关由社会公仆变为社会主宰——这种现象在至今所有的国家中都是不可避免的——公社采取了两个正确的办法。第一，它把行政、司法和国民教育方面的一切职位交给由普选选出的人担任，而且规定选举者可以随时撤换被选举者。第二，它对所有公职人员，不论职位高低，都只付给跟其他工人同样的工资。公社所曾付过的最高薪金是6000法郎。这样，即使公社没有另外给各代议机构的代表规定限权委托书，也能可靠地防止人们去追求升官发财了。"恩格斯认为，只要有国家政权这种组织形式，人民公仆变为人民主人的可能就依然存在。无产阶级在夺取政权后很长的一段时期内还需要国家政权的存在。无产阶级选举的人民公仆在权力行使过程中难免会有权力滥用、官僚主义的现象，而防止这种现象出现的直接、有效的途径之一，就是人民直接掌握对公共权力机关及其工作人员监督权。

同时，马克思、恩格斯在阐述无产阶级政权时，始终强调公共权力行使主体的社会化监督在无产阶级掌握政权后具有十分重要的意义。这也表明选举权作为资本主义国家代议制民主的基础，是资产阶级实现阶级统治的重要工具。在资本主义社会，资产阶级只关注于如何赢得选举，对于被选举的人有没有真正为选举者服务，这并不是资产阶级关注的问题，而无产阶级政权完全不同，无产阶级民主不仅重视选举的过程和选举的代表，而且在选举结束后一定会对被选举者进行监督，以保证他们能够维护人民的根本利益。

由于马克思、恩格斯受当时无产阶级政权建设实践的限制，没有能对社会主义各种具体的监督制度提出设想，而只是从宏观层面和本质内涵角度阐述了公共权力行使主体的社会化监督对社会主义民主的作用、意义，马克思、恩格斯社会监督思想是健全完善中国特色社会主义监督体系的理论基础。

如果说马克思、恩格斯的社会监督思想还带有一定理论论证和设想性的话，那么，列宁在巩固无产阶级专政和进行社会主义建设的过程中，通过科学总结无产阶级政权建设的教训和经验，极大地丰富和发展了马克思主义的社会监督思想，并在理论和实践层面为无产阶级国家进行社会监督做出了重要探索。有的理论和实践探索对于当前加强公共权力行使主体的社会化监督还有着重要的借鉴作用。

改革开放以来，公共权力行使主体的社会化监督主体越来越广泛，其监督的原则、方法、内容、途径和成效越来越丰富，指导意义也越来越大。中国共产党带领中国人民所进行的一系列探索，充分表明党和政府越来越重视公共权力行使主体的社会化监督的作用，为人民群众更加广泛地进行权力监督与制约提供了浓厚的氛围与环境。

马克思主义对于公共权力行使主体的社会化监督的研究，由于受历史条件的限制，不可能对现实中社会主义不同阶段的具体社会化监督制度形成系统性、针对性理论，但是他们对公共权力行使主体的社会化监督这一关键性的问题进行了一系列有益的探索，并提出了一些具有长远指导意义的思考。当前，面对新形势、新情况、新问题就需要我们一切从实际出发，进一步解放思想，大胆吸收和借鉴人类社会包括资本主义国家进行的一切政治文明成果的探索和实践，进一步建立和完善公共权力行使主体的社会化监督的制度与机制。

第三节　公共权力行使主体的社会化监督

一、监督的内涵

权力一旦失去了监督和制约，就会形成绝对权力，而绝对权力的出现必然会导致腐败横行，这是各国依据民主管理和民主建设过程中总结出的宝贵经验。公共权力是由人来掌控和执行的。人性的弱点在人类社会发展的特殊时期都产生过深远的影响。一旦公共权力被某些团体或者个人掌控时，由于利益分配不均，就会出现权力滥用、贪污腐败、违法犯罪等现象。公共权力之所以要被监督和制约，正是因为公共权力机关及其工作人员的行为和结果会产生极大的作用和影响，这是进行权力监督制约的主要依据；由于权力本身所具有的执行力、扩张力、强制力、影响力等特征，没有监督制约的权力就会损害社会绝大多数人的利益，这也是对权力进行监督制约的内在原因；尤其是现代民主政治、民主管理不断演进的前提下，权力滥用、贪污腐败、违法犯罪等现象客观存在并有机可趁，这使得权力一旦失去制约和监督，损害的不仅是权力的掌控者，更是整个社会的整体利益。加强权力的监督制约，寻找遏制权力滥用、贪污腐败、违法犯罪等现象的方法和途径，便成了现代权力监督和制约的重要任务。

人类历史发展进程表明：建立健全权力监督制约的体制机制，化解、预防、制止公共权力对公共职能和公共利益的伤害，实现公共权力能够按照统治阶级意志来运行，这是公共权力运转的必然诉求。缺乏科学、有效监督制约的公共权力必然会被滥用，从而导致权力滥用、贪污腐败、违法犯罪等现象的出现，必然造成极其恶劣的负面影响。人类应积极探索公共权力的科学内涵和运行规律，深入思考如何对公共权力进行科学、及时、有效的监督制约，以充分发挥公共权力的积极作用，推动人类社会发展进步。我们也要清醒地看到，并非所有的公共权力行使都会导致权力滥用、贪污腐败、违法犯罪等现象。只有当权力运转的方向发生扭曲时，负面影响和社会危害都比较大的时候，才会形成权力腐败。

据《辞源》考证，"监督"一词，在《后汉书·荀彧传》中最早出现，"古之遣将，上设监督之重，下建副二之任，所以尊严国命，谋而鲜过者也"。通过《后汉书·荀彧传》对于监督的认知可以看出，监督最早指的是在军事中对率军作战的将领进行监察、督军而专门设计的职位，监督最初的作用是为了保证军事部署的严格执行。随之，"监督"的使用越来越广，内涵也越来越丰富。总的来看，监督的基本含义主要是为防止出现错误，及时纠偏所进行的监视、观察、督促、指导等行为。常见的包括：监督官员是否有贪污腐败、监视军队动向和军事部署、老师监督学生的学习、有关管理部门监督权力的运转等。本书所研究的"监督"，是指对公共权力在运转过程中的国家各项监督形式和监督内容。监督用于公共权力监督和制约层面，是为了保证公共权力在合理性、合法性范围内运行，并科学、有效地对公共权力进行审视、协调、控制、检查和反馈的各项活动。

对于监督概念的梳理和界定，我们可以看出：首先，监督的首要目的是保证公共权力在合理性、合法性范围内运行。这就需要公共权力机关和工作人员要依法行使公共权力，这就需要在全面依法治国的总体布局下来进行，国家监督制度是全面依法治国的重要构成，这也充分体现了公共权力监督制约与全面依法治国的紧密联系。其次，谁可以更有效地对权力运行进行监督、审查、协调和控制？如何更好地解决这一问题，也科学反映了国家监督体制机制的科学性、合理性、合法性，也代表着一个国家的民主化程度。例如：当对国家权力运行进行监督是交给个人或少数人完成时，这个国家的性质就有可能是专制；当对国家权力的运行进行监督是交给大多数成员来完成时，这个国家的性质就有可能是民主。国家监督制度的制定、运转和实施与国家的性质、发展和民主程度有着紧密的关联。国家民主或者专制的性质也决定了监督制度的性质和实施是为了维护哪个阶级的利益，代表了一个国家发展的文明程度。

总的来说，现代国家在实施民主政治和民主管理的过程中都具有权力监督和制约的属性。例如分权制衡、选举制度、民主监督等，这些内容都是对公共权力在行使过程中的一种有效监督。不仅仅是政治层面，包括国家经济运行、经济管理中的生产、分配、计划、消费、审计等都需要监督制约的存在。本书并没有研究一般意义上的监督制度，而是专门研究权力运行过程中公共权力行使主体的社会化监督。

从监督的发展历程和内涵界定中，我们可以看出，一个长效、科学的监督制约机制，应具有以下特征：

第一,强制力。公共权力的监督制约不应以监督客体的主观意志为转移,更不是建立在监督客体自愿的基础上的,不管公共权力被谁行使都要接受监督。在公共权力监督的过程中,监督主体要及时纠正、制止监督客体的错误,当监督客体出现错误时要及时制止,没有一定的强制性是很难实现的。公共权力运行如果没有监督,效果就会大打折扣;如果没有强制力,监督就会毫无意义。

第二,独立性和平等性。监督主体与监督客体之间的关系应是相对平行的客观存在,监督主体和监督客体之间是独立的,也是平等的,不是服从和依附关系,监督主体在进行监督制约时更不能处于监督客体的支配、控制中。如果监督主体权力监督缺乏独立性和平等性,而受监督客体所左右,监督的科学性、有效性就会受到很大的限制。

第三,权力性。现代民主管理中,监督必须以权力性和强制力为后盾,体现了一种权力对另一种权力的监督和约束。没有权力作监督的支撑,监督就会丧失强制性、约束力和权威性,这种形式的监督注定是流于形式,无法达成既定目的,这也充分体现了监督权力性的特征。

第四,外在性。对于公共权力的运行和被监督者来说,监督必须是由监督客体以外的组织或个人实施的监督行为,它是一种外在的形式和力量,而不是自我管理。如果监督主体与监督客体同为一体的话,这种监督对于行使公共权力的组织或个人来说,仅仅是一种道德约束或良心拷问;对于一个国家而言,监督很可能只是一种美好的愿景。没有外在的监督制约,监督也就无法实现长效性。

同时,制衡又不同于监督。监督与制衡是两个接近但又不同的概念。监督包含着制衡,但监督并不能等同于制衡,监督和制衡的共同点就是对公共权力运行的制约。在政治领域中,公共权力之间相互作用过程中的监督就是制衡。监督是从单向角度出发的,体现了不可逆性,是一种权力对另一种权力的监督和制约。制衡体现了不同角度之间的相互关系,是公共权力之间的相互作用。监督相对于制衡而言,是由监督主体对监督客体所做出的行为；制衡相对于监督而言，是公共权力双方互为监督主体和对象。监督主体与监督客体在主体地位上、在监督过程中体现了监督主体和监督客体地位的不均等；而制衡的双方更接近于平等，更依赖于公共权力的分工、协作、分权等，我国在公共权力中常用监督，而不用制衡，反映了中国特色社会主义监督体系的特点。

二、社会化的定义

人与人在实践中的相互关系构成了社会，人的本质属性是社会属性。人在社会之中不断成长，不断地完善自我，发展自我，脱离了实践，脱离了社会，人也就失去了其本质属性，人类文明也就很难延续；社会化的过程就是人更好融入社会的过程，体现了人类文明在传承中不断发展，现代民主政治的社会化体现了民主的发展趋势，更是政治文明在社会发展中的演变、传承和创新。

社会化在不同时期、不同环境下表现出不同的特征和内涵，包括"社会化演变""社会化进程""社会化服务""社会化治理"等，本书所讨论的社会化主要是民主政治管理以及人们在民主管理过程中的社会化。人们在民主管理过程中的社会化体现了政治人的变化和发展。马克思指出："人的本质不是单个人所固有的抽象物，在其现实性上，它是一切社会关系的总和。"社会化是指"一个人获得自己的人格和学会参与社会群体的方法和社会互动过程，是在社会中超越其生物性获得社会性的过程"。学者费孝通提到："社会化就是指个人学习知识、技能和规范，取得社会生活的资格，发展自己的社会性的过程。"

社会化是每个人通过实践融入社会的表现，也实现了社会在人与人的相互关系中不断变化和发展。"社会化"中的"化"，从其本身的内涵来说，主要指的是培养教化。例如《荀子·正名篇》说"状变而实无别而为异者，谓之化"。《说文解字》中提到："化，教行也。从匕，从人，匕亦聲。"从这些解释可以看出，"化"是人的行为习惯和行为内容的改变，是人的外在行为和内在心理相互作用的变化，这种变化并不是短时间内完成的，而是在不断变化的过程中慢慢得以实现。"社会化"的过程既体现了社会环境的"进化"，又体现了社会内容的"细化"，也体现了社会属性的"变化"。马克思主义指出人的本质属性不是自然属性，而是人的社会属性，自然属性和社会属性是辩证统一的。我们要重视人的自然属性，自然属性体现了自然人本身的特征，是人类所独有的。马克思提到："只有在社会中，自然界才是人自己的人的存在的基础。只有在社会中，人的自然的存在对他说来才是他的人的存在。"自然社会中人的本质特征才能充分体现，只有同时具备自然属性和社会属性，才是客观存在的人的主体。社会和个人是相互作用、相互制约、相互影响的，一方面，每个个人构成社会，正是一个个现实的人才形成了社会，人现实活动的基础就是物质资料的生产方式，"生产本身又是以个人彼此之间的交往为前提的"。马克思指出，每个人自由而全面的发展不可能脱离社会单独存在，因为人的本质属性是社会属性，"他们也就只有在社会中并通过社会来获得他们自己的发展"。另一方面，社会在发展中也成就了个人，在社会中每个人的自我认同都可以实现。所以，社会化是由具备自然属性的人转化成为具有社会属性的人，是每个独立的个体在社会的相互关系中，通过积极融入社会，充分发挥实践的作用，形成了具有独立人格的人，进一步助推了社会的变化发展。

改革开放新时期，现代公共管理理论传入中国并产生了一系列影响。传统的政府管理模式遇到了很大的挑战，一些与社会迅速发展不能很好适应、管理方式脱离现实生活的现象不断出现，传统的政府管理方式在新形势下也出现了一系列问题，包括政府机构庞大、效率运转较低、政府对市场的宏观调控不及时等。正是因为这些出现的新问题，服务型管理模式也就出现了，如何实现公共权力行使主体的社会化监督恰恰体现了我国全面深化改革改革、转变政府职能的一个重要标志。

这里要指出，权力监督社会化并不是减弱政府的管理，而是通过一系列手段提升政府的管理能力和治理水平，是进一步加强公共权力机关提升公共服务水平和提供更多优质公共产品。权力监督社会化是为了更好发挥经济社会的发展过程中政府的宏观调控作用，并不是去削弱政府的相关职能。在实现政府管理与社会治理的相互关系中，现代民主管理并不是要政府无所不能、无处不在，但完全以市场为唯一，不发挥政府和国家的作用是不可取的。单纯的依靠政府或单纯的依靠市场，都不利于社会的健康发展。社会和政府两者之间的相互制约、相互作用、相互影响是我们需要的。权力监督社会化主要是为了防止公共权力机关及其工作人员因为权力滥用所带来的一系列问题。通过健全和完善权力监督制约机制，最大限度地发挥政府管理和社会治理的优势，合理配置权力，通过相互制衡来实现政治经济社会的向前发展。

三、公共权力行使主体的社会化监督的内涵

目前我们所提到的社会，与国家政权相对应，就其特征、原则、内容来看，主要包括社会组织、经济组织等，这主要体现的是社会群体的客观现实性，也包括一些零散的组织和个人。不论是有组织的形式，还是无组织的状态，本书的社会主要指的是社会公众。在现代民主政治中，社会公众是公共权力归属主体，公共权力机关及其工作人员则是公共权力行使主体，例如政府及其相关机构等。

现代民主政治的历程表明，监督是否具有现实性、有效性，主要还是看监督主体的构成、内容、性质和作用。在我国，人民代表大会、国家行政机关、检察机关、司法机关作为代表人民意志的最高机关，主要对相应的公共权力机关及其工作人员进行监督，是发挥监督作用的权力主体；除此之外，还包括国家权力机关对相应的组织及其领导人的监督；要更好地发挥监督作用，还应包括与上述权力机关相对的社会性组织。这些社会性组织，并不是国家的正式机关，具有很强的社会性。在现代民主政治和民主管理下，监督主要指的是社会层面对公共权力机关及其工作人员的一种权力监督制约手段。公共权力行使主体的社会化监督，这是一种社会性监督，它与权

力体系中的内部监督相比，具有完全不同的属性和作用，如何在现有条件下最大限度发挥对公共权力行使主体社会化监督的作用，这也是健全和完善中国特色社会主义监督体系的一个重要问题。本书所指的公共权力行使主体的社会化监督即人民群众监督、舆论监督、社团组织监督、政协监督，主要是与国家权力监督、政党权力监督相对的社会化的监督组织形式和变化发展过程。

国内外权力监督制约的实践表明，对公共权力行使主体的监督，必须是科学的、系统的、全面的监督；中国共产党在长期的革命、建设和改革过程中也积累了越来越多的宝贵经验和财富，提高了对公共权力行使主体的社会化监督的认识。这里提到的科学的、系统的、全面的监督，主要是指公共权力行使主体的社会化监督、国家监督、法律监督、行政监督和党内监督的有机结合，形成一种科学、系统、有效的中国特色社会主义监督体系。具体来说，如何把公共权力行使主体的社会化监督和内部监督很好地配合起来是最重要的。要实现两个方面的监督相互影响、相互作用的前提，就是必须正确认识它们，并深入了解它们各自的内涵、原则、内容、地位和作用。就民主政治、民主管理的现实条件来看，如何加强人民群众监督、舆论监督、社团组织监督、政协监督为主体的公共权力行使主体的社会化监督，已经成为一个十分重要的问题。

人民群众监督是对共产党最为重要的监督形式。党的十二届六中全会通过的《中共中央关于社会主义精神文明建设指导方针的决议》中在提到党的作风建设如何更好实现时提出："必须努力改革和完善党的组织制度和工作制度，严格执行党的纪律，建立和健全党内监督制度和人民监督制度，使各级干部得到有效的监督。"这个文件一方面强调了党内监督的作用，与此同时，还提出了"社会监督"的重要作用，社会发展的历程表明，这具有着重要的价值和意义。强调人民群众监督的地位和作用，这是由我们党的性质和宗旨决定的。中国共产党是工人阶级的先锋队，是中国民族根本利益的代表。我国是社会主义国家，中国共产党作为执政党，必须代表最广大人民的根本利益。对于我们党来说，就是要维护最广大人民的根本利益，不能去维护自己的特殊利益，这也充分体现了党的人民性和先进性。中国共产党在实践中有没有维护最广大人民的根本利益，有没有在维护特殊群体的利益，最终要由人民群众来评判。因此，中国共产党作为执政党，其进行的所有行为和结果，都应接受人民的监督。每一个党员，特别是领导干部，都应在人民群众的监督下来行使自己的权力。如果党的领导干部只是在口头上说他是维护人民根本利益的，但又在行动中维护特殊利益，不接受人民群众、舆论、社团组织、政协等的公共权力行使主体的社会化监督，那么，维护最广大人民的根本利益将成为一纸空文，这一点我们必须要避免出现。

公共权力行使主体的社会化监督对于国家发展和党的建设都具有极其重要的意义，这是由人民当家作主的地位决定的。中国共产党是中国特色社会主义事业的领导核心，党必须发挥总揽全局、协调各方的功能和作用，与此同时，广大人民群众要坚定维护中国共产党的领导；同时，我们也应看到，中国共产党作为执政党，是最广大人民群众根本利益维护者，没有凌驾于人民之上权力的存在。最广大人民群众与党是紧密联系在一起的，认清这一点非常重要，只有明确了中国共产党与人民群众的血肉联系，才能自觉地接受人民群众、舆论、社团组织、政协等的公共权力行使主体的社会化监督。事实表明，无产阶级政党要自觉接受人民群众对它的监督，这是党的源泉和生命。就公共权力行使主体的社会化监督的特征来看：

首先，公共权力行使主体的社会化监督属于外部监督。中华人民共和国成立后，党和国家一直在强调国家政权的内部监督。具体来说：首先恢复和设置了一系列权力监督机构，其次出台了很多党规和法律。在具体监督的过程中，一些监督机构越来越健全，监督制度也越来越细化，但与此相对应的是，公共权力行使主体的社会化监督相对滞后。国家政权的内部监督的作用十分显著，但具体实现监督的过程中主要体现的是国家权力的内部监督。所以，除了国家政权的内部监督外要寻找更多的、有科学的监督制约形式就成为必然选择，即要通过公共权力行使主体的社会化监督来监督党和国家的各项事务和工作。

其次，公共权力行使主体的社会化监督属于自下而上的监督。在我国传统的监督方式来看，监督更多的是自上而下的监督，而缺乏自下而上的监督形式和路径。具体来看，自上而下的监督力度在不断加强，例如通过巡视制度、监察制度、直线管理等，但因为客观条件限制，自下而上的监督形式和路径有限，人民群众不懂监督、不会监督、不能监督、不敢监督的问题依然存在。公共权力在运行过程中体现为自上而下，这也表明自上而下的监督主要体现在上级命令下级、下级服从上级等。这种监督形式，对于实现党的路线、方针、政策和国家的各项事业的顺利开展有着积极的作用。但是，这种自上而下的监督往往由于公共权力主体间的利益关联及其所地位和作用的不同，出现了上级监督不到位，同级监督权限不清晰，下级监督没有途径的问题。所以，在完善中国特色社会主义监督体系的具体途径上，要格外关注公共权力行使主体的社会化监督。

再次，公共权力行使主体的社会化监督属于多数人的监督。根据国家统计显示，在已查办的案件中，80％以上是由人民群众检举、举报完成的，在中央国家机关的纪检监察机构查处的重大案件中，90％以上也是由人民群众检举、举报完成的，这充分表明公共权力行使主体的社会化监督有着自身明显的优势。当然，公共权力行使主体的社会化监督的优势不仅仅体现在数量上，也体现在质量上，即公共权力行使主体的社会化监督充分体现了人民当家作主的本质属性。对于现代民主的内涵和定义有很多，但人民当家作主，人民是国家的主人这一点在社会主义的中国是必然的。能不能充分发挥人民群众的主体地位，维护人民的根本利益这也关系到政党执政的合法性问题。政党执政的合法性就表现在民众对于现有政权模式和政治秩序的维护、信任和认同。邓小平指出，这就是人民"支持不支持""拥护不拥护""答应不答应"的问题。

最后，相对于政权的内部监督来看，公共权力行使主体的社会化监督既属于直接监督，也是一种积极性的监督。公共权力行使主体的社会化监督能够为广大人民群众提供一种直接进行民主管理、参与国家事务的机会，从而使人民的主体地位、人民的主人翁意识在更广的范围内成为现实，这本身就是对党和国家权力监督制约的集中表现。公共权力行使主体的社会化监督绝不是被动地通过公共权力的运行来维护其根本利益，而是主动通过监督制约行为来维护其权益。

综上所述，公共权力行使主体的社会化监督是权力行使系统外部的广大人民群众、舆论、社团组织、政协等，从全局、系统、动态的角度出发，对行使公共权力的责任主体进行自下而上的非国家性质的监督形式与活动，体现了由自上而下的单向监督转变为自上而下的权力监督与自下而上的权力监督相结合的双向监督；由单一的内部监督转向既有内部监督又有外部监督的系统性、全方位监督。

公共权力行使主体的社会化监督的主体是社会，是人民，而公共权力机关及其工作人员则是公共权力行使主体的社会化监督的客体，这种关系必须要明确，否则就难以实现。这里要明确说明，强调公共权力行使主体的社会化监督，不是要削弱党的全面领导，也不是否定公共权力机关的职能和作用。坚持中国共产党领导是四项基本原则之一，而四项基本原则是立国之本。公共权力行使主体的社会化监督必须在全面依法治国的前提下有序开展；同时，作为公共权力行使主体的社会化监督主体的各个组织及其个人等也必须接受相应的监督。在我国，党、国家和社会进行相关职能的最终目的都是要维护最广大人民的根本利益，这种一致性是开展公共权力行使主体的社会化监督的基石，也充分表明监督的主体之间不存在利益冲突和对抗。

第二章

公共权力行使主体的
社会化监督目的论

把监督权的运用放在更加突出的位置,为更加坚决地遏制权力滥用、贪污腐败、违法犯罪等现象指明了方向,那就是必须建立中国特色社会主义监督体系的长效机制。而如何把政治监督、法律监督、经济监督、公共权力行使主体的社会化监督等有效结合起来建立长效机制,是摆在党和国家面前一项重大而紧迫的课题。解决这一课题,要求我们必须进一步提高认识,把握公共权力行使主体的社会化监督的内涵和地位,进而形成动态发展的长效机制和完整科学的公共权力行使主体的社会化监督制度体系。

"现在的社会不是坚实的结晶体,而是一个能够变化并且经常处于变化过程中的机体。"中国特色社会主义监督体系的构建和实施,也必然形成一个系统的、客观的、完整的有机整体。在这个有机体中,包括政治监督(党的监督、国家监督)、法律监督(立法监督、司法监督)、经济监督(财政监督、银行监督、审计监督)、公共权力行使主体的社会化监督(人民群众监督、舆论监督、社会组织监督、政协监督)四个分系统,每个系统又包括着各个方面的内容,各子系统和各自包含的内容都有其独立的功能和发挥的作用权限。但是这些内容之间并不是互不兼容、相互排斥的关系,而是相互影响、相互作用、有机结合的有机整体,某一系统或某项监督形式的运行,要以其他系统或其他监督形式的存在和运行为条件,各个系统之间相互协作,从而形成中国特色社会主义的监督合力。

第一节 政治监督是国家权力监督体系顶层设计的建构核心

"政治就是参与国家事务,给国家确定方向,确定国家活动的方式、任务和内容。"政治在上层建筑层面充分体现了国家意志,为国家意志的实现奠定了基础。政治监督在国家层面所包涵的一系列内容对于整个社会的良性运转都有着积极的影响,也在一定程度上对其他的监督内容和监督形式产生了极大的作用。在整个监督体系的运转过程中，政治监督也与其他监督形式相互影响、相互作用，深刻地影响着其他监督的效度、广度和力度。政治监督在中国特色社会主义监督体系的架构中起着十分重要的作用，在进一步推动公共权力行使主体的社会化监督的过程中也扮演着十分重要的角色。

了解政治监督首先要从政治的内涵入手。什么是政治？政治是"通过公民中的政党组织指导或影响政府政策的行为或职业"，在列宁对政治的界定中充分体现了政党或者政党监督的重要地位。政治监督的内容包含政党监督、国家监督、制度监督等内容。在社会治理现代化过程中，政党监督直接影响国家监督的成效和实施，制约着国家整体发展的走向和趋势。中国特色社会主义监督体系中，政治监督是核心，其他各种监督都必须以此为核心，这也是由政治监督的基本内容和重要地位所决定的。

一、政治监督的内容和形式

政治监督是国家机关和政治组织，通过建立决策机制和制度机制，对国家机关及组织的运转过程进行指导、监督、控制、检查和协调等。在我国目前的监督体系中，政治监督主要包括党的监督和国家监督。

（一）党的监督

党的监督属于政治监督的重要构成。党的监督通过党的路线、方针、政策等的规划和制定来统领对经济、政治、文化、社会、生态文明建设的监督和控制。政党监督在不同国家和地区都有着极其重要的作用。社会主义现代化建设过程中，加强党的全面领导和监督十分必要。

事实证明，加强党对各项事业的全面领导，是中国革命、建设、改革取得重大胜利的基础和前提。"党的任务是对所有国家机关的工作进行总的领导"，这是社会主义现代化建设的方针指南，对于坚持正确的政治方向，进一步全面建设社会主义现代化国家，全面加强对各项事业的领导都有着重大的价值旨向，这也充分体现了我国人民当家作主的社会主义本质属性。

坚持党对各项事业的全面领导，就是为了能够确保社会主义前进的方向，实现党的各项方针、政策、路线等真正落地落实。在党的监督中，党员干部的管理、公共权力机关的监督制约都是政治监督的重点内容，尤其是涉及到党员干部的任命和选拔、党员干部的思想作风问题等，都需要加强监督和制约。一切为了群众，一切依靠群众，从群众中来，到群众中去的群众路线是党的监督重要依据和手段。"强化党内监督是为了保证党立党为公、执政为民，强化国家监察是为了保证国家机器依法履职、秉公用权，强化群众监督是为了保证权力来自人民、服务人民。要把党内监督同国家监察、群众监督结合起来，同法律监督、民主监督、审计监督、司法监督、舆论监督等协调起来，形成监督合力，推进国家治理体系和治理能力现代化。

党的监督是政治监督在权力监督制约过程中的一种直接体现。党的监督在政治监督过程中依靠党制定的路线、方针、政策等贯彻实施，保证经济、政治、文化、社会、生态文明建设都能按照正确的方向实施，这在国家治理体系和治理能力现代化中都有着至关重要的作用。在中国特色社会主义监督体系中，党的监督不仅仅对政治方向和政治原则进行监督和制约，而且要对监督过程中相关的监督体制和监督形式进行方向上的指导和监督，这也充分体现了党的监督在中国特色社会主义监督体系中的地位和作用。

党的监督形式多样。从实施的内容和构成来看，主要包括党内监督、党外监督两种监督的方式。首先，从党内监督来看，党内监督体现了上下级党组织之间、党员之间、党组织和党员之间在党章、准则等规章制度的要求下进行相互监督和制约，避免思想、作风、行动上的不良现象。加强党内监督对于保持党的优良作风，查处和禁止一些违法犯罪现象，更好地提升基层党组织组织力、战斗力，提升广大党员积极性、主动性、创造性都有着极大的推动作用。

党外监督在党的监督中也起着十分重要的作用，是党的监督的重要构成。党外监督可以帮助国家的经济、政治、社会等各项内容在运转过程中更加有序、协调，与党内监督相得益彰，相互促进，通过党外监督，可以有效保障党的路线、方针、政策可以更好、更及时地落实到位。党外监督是社会主义制度优越性的集中体现，是民主集中制、社会主义协商民主制度的重大创新和有效路径，保证了国家各项事业都能按照正确的方向健康发展。不论党内监督，还是党外监督，都充分体现了人民当家作主，也充分调动了广大人民群众的积极性、主动性和创造性。

（二）国家监督

国家监督是政治监督的重要组成，是为实现国家职能、维护有序的公共秩序、保障国家机器正常运转的方式和手段。如何更好地发挥国家监督的作用是国家治理体系和治理能力现代化的关键所在。国家监督的有效实施可以保障国家各项工作都能有序开展，保证社会主义现代化建设都能按照正确的方向前进，国家监督必须体现其权力监督的有效性和科学性。在社会主义现代化建设的关键时期，如何更好地运用国家监督意义重大。在国家监督实施过程中，国家监督主要是通过公共权力机关、相关职能管理部门和监督机关等进行。国家监督在政治监督中有着无可替代的作用，国家监督作为上层建筑中的一部分，是党的监督无法替代的，只有将党的监督和国家监督有效结合起来，才能更好地实现经济基础和上层建筑的辩证统一，推动中国特色社会主义监督体系的健全完善。

我国的最高国家权力机关是全国人民代表大会及其常务委员会。作为最高权力机关的人民代表大会是国家监督的主体。人民代表大会不仅可以对政党进行监督，还可以对公共权力机关的运转进行监督。具体来说，人民代表大会一方面可以对公共权力机关运转过程中的内容和行为进行具体、细致的监督，制定一系列监督法律和制度将监督切实落实到日常工作中去；另一方面还可以充分发挥自己的优势和地位，将政党监督和国家监督有机结合，实现政治监督的全面性和可行性。

国家监督是中国特色社会主义监督体系的重要一环。国家监督在实现过程中要保持监督原则和监督方向的准确性和前瞻性，确保制定的各项监督制度都能在具体的工作中贯彻落实。公共权力行使的一切行为也都应在宪法和法律允许的范围内进行，一切国家机关、政党和各社会组织和团体、企事业单位等都必须遵守宪法和法律的规定，接受国家监督，全面保证社会主义现代化建设能够科学、高效、健康地运行和发展。

我国国家监督是服务于人民的，是社会主义性质的政治监督，是国家最高层次的监督形式，意义非凡。无论是监督的深度、广度和效度，还是监督效能的功能和作用，都不同于其他的监督形式，国家监督内容和实施方式的多样性，更好地体现了权力监督的价值导向。国家监督的运转和实施方式主要包括：

1. 监督的时间维度

从国家监督的运转方式及实施路径来看，国家监督主要包括事前监督和事后监督。事前监督指的是公共权力机关在制定和实施相关政策之前，监督机关依靠宪法法律规定进行的监督检查工作。包括公共权力机关在制定政策时是否符合宪法和法律规定，有没有依照相关规定严格执行，国家监督的实施效力要在公共权力机关实施前进行合法性、可行性的监督检查。事后监督是指监督机关对公共权力机关在行使权力的行为和结果进行监督制约的活动。包括公共权力机关按照宪法法律规定行使权力之后，监督机关要在相关文件规章生效、实施之后进行合法性、可行性的监督检查。

2. 监督主体架构

从国家监督的主体架构来看，我国社会主义性质国家监督的主要内容包含三个层面：第一层面是以国家权力机关作为监督主体即全国和地方各级人民代表大会及常务委员为主体的监督体系；第二层面是以国家行政机关作为监督主体即国务院和地方各级人民政府及所属机关和组织为主体的监督体系；第三层面是以国家司法机关即各级人民法院和各级人民检察院为主体的监督体系。在这三个监督主体中，国家权力机关的监督是政治监督的核心，国家权力机关不仅要对公共权力运行的具体运转、具体过程进行监督制约，而且要对国家行政机关和国家司法机关的监督行为进行监督。

二、政治监督的特点与作用

政治监督作为最高层次的权力监督,其主要目的是保障国家制定的宪法、法律能够正确、认真地贯彻执行,使一切行为都在宪法和法律范围内进行,使一切公共权力机关、各政党和各社会团体、各企事业单位都必须遵守宪法和法律规定,保证社会主义事业健康、有序、高效地运行和发展。政治监督与其他各种形式的监督相比,具有明显的特点和功能:

(一)政治监督体现了崇高的权威

政治监督因其特殊的地位和作用,在国家监督中占据重要一环。国家监督职能和实施的各项监督活动,都代表着公共权力机关的实施效能。政治监督在中国特色社会主义监督体系中处于最高层次,是最具权威性和有效性的权力监督制约机制。人民是国家的主人,这是社会主义制度最本质的特征。政治监督同样要代表人民,代表着最广大人民的根本利益。政治监督要体现人民当家作主的本质要求,又要在全面依法治国、建设法治中国的整体布局下实现人民行使国家权力、管理国家事务,这也充分体现了政治监督的人民性和法律赋予的崇高权威。政治监督的强制性、权威性、系统性,是其他监督方式不能相提并论之处。

(二)政治监督体现了极大的强制性

政治监督包含政党监督和国家监督,不论政党监督还是国家监督,在具体的权力监督和制约的过程中,都有着极大的强制性,这也充分体现了政党监督和国家监督的特点。一方面,政治监督以党和公共权力机关为载体,对制定、负责、实施、管理国家事务的行政机关、司法机关和相关工作人员等进行全方位的监督制约,在监督过程中充分体现全面依法治国,凭借法律意志和强制手段,以法律为依据,以事实为准绳进行监督制约。政治监督从运转方式和实施手段来看,都体现了极大的强制性。

(三)政治监督是全面性监督

政治监督中的政党监督和国家监督各司其职,根据不同特点发挥着不同的作用。政党监督的监督范围较广,国家的各项事业都要在党的全面领导下开展。在公共权力运行过程中,根据党政分开的原则,政党监督不可能对方方面面的工作进行监督,这就需要其他的监督形式进行配合。国家监督则在政治监督中有着重要的意义,国家监督在具体监督的过程中既要对其他监督主体实施监督,又要对公共权力机关的运行制度和运转过程实施全方位监督。政治监督既包含政党监督,又包括国家监督,从范围和对象上来看,比其他任何监督形式和内容要更加全面和立体。

(四)政治监督主体和监督过程具有交叉性

作为权力监督制约的重要载体,政治监督就需要在党的全面领导下来进行,政治监督一方面要对公共权力运转机制中的各项工作内容从不同维度进行监督检查,另一方面又必须在全面依法治国的基础上严格按照法律规定监督具体工作的开展和实施。政治监督的主体和政治监督的过程在权力监督制约中要更好地结合起来,同时要注意相关工作的交叉进行,实现政治监督的主体和政治监督的过程的统筹协调。

现代民主政治发展进程中,制度的优越性需要通过公共权力机关具体职能的设计和优化来实现。国家整体利益需要通过公共职能和公共秩序来维护,政治的稳定性和协调性需要通过科学的配置和体制的升级来保证。作为国家监督中重要构成的政治监督,需要在实现公共职能的指导、管理、服务、协调、保障等功能时,更好地发挥政治监督的功能和作用。公共权力机关具体职能的设计和优化需要监督发挥作用。在公共职能和公共秩序有效实现的过程中,都离不开政治监督的有效制约,但是,由于政治监督运行方式的权威性和强制性,其在具体职能的有效实现中要具体问题具体分析,保证公共职能能够更有序地呈现。在国家监督的体系中,政治监督不能独立而存在,需要与其他监督形式更好地融合在一起,发挥一系列监督形式的合力作用。首先,国家各项事业的方针、政策、内容等的贯彻执行都需要在政治监督的有效作用下才能得以实现,在公共权力运转过程中路线、方针、内容等必须符合社会主义的方向和发展趋势;其次,政治监督不仅有事前监督作用，还要有事后纠错能力，在及时的监督制约中发现问题，解决问题，一旦出现问题，能够及时纠正，将政治监督的效能最大化；再次，政治监督可以实时监督和反馈公共权力运行过程中的重要事件、活动和行为，进行及时科学的监督，做出有效分析和研判，进行更加科学的指导，最终达成既定目标；最后，政治监督还可以对监督客体的决策、行为、结果进行检查和反馈，通过积极的沟通和指导，更好地实现公共职能的全面落实和社会治理的井然有序。

第二节　法律监督是国家权力监督制度保障的灵魂

　　法律监督指的是"对行政行为的合法性的监督"。也可以表述为"监督严格遵守法律"。我国是社会主义国家，人民是国家的主人，法律是国家制定或认可并以其强制力保证实施的，要充分体现人民当家作主，维护最广大人民根本利益的行为规范的总和。国家制定并颁布法律的根本目的，是为了维护最广大人民的根本利益，是为了人民的社会生活和社会关系的稳定有序，巩固中国特色社会主义制度。法律监督是社会主义法律全面贯彻落实的重要形式和有效手段，在法律建立、实施的一系列过程中，国家依照法律规定对公共权力机关的各项工作进行检察指导监督，及时发现法律在实施过程中存在的问题和不当举措，通过有效方式进行不断完善和改进。

　　法律监督既是中国特色社会主义监督体系的重要构成，又比其他监督方式更具威慑力、强制力、约束力。法律监督所涉及的范围是广泛的，是对社会生活的各个方面以及公民个人是否守法用法的监督。法律监督的主体参与较多，在现实生活中，法律监督与社会生活的方方面面都紧密相连，不可分割，但是由于实施法律的监督主体和监督客体的不一致，法律监督具体的形式也各有不同。当前我国法律监督的主要形式包括宪法监督和法律监督。本部分内容主要围绕我国社会主义法律监督的特点和内容，对中国特色社会主义法律监督的理论和实践作出科学的探索和阐释。

随着社会主义民主政治和民主管理的不断推进，法治建设不断加强，在中国特色社会主义监督体系中，法律监督扮演着越来越重要的角色。目前，我国的法律监督主要包括立法监督和司法监督。在现代国家权力监督体系中，法治是最基本的行为准则，规范着公共权力机关及其工作人员的行为和结果。我国是社会主义国家，广大人民群众的地位一律平等，无论任何单位和个人都必须以法律为根本遵循。法律监督作为中国特色社会主义监督体系的重要组成，它要监督人们的一言一行。法律监督的制定、原则、实施和健全，都必须以法律法规为依据。如果不统一标准，监督便没有标尺，法律监督效果和质量也就难以保证。法律监督是中国特色社会主义国家权力监督体系的灵魂。

一、法律监督的特点

法律监督是国家为了全面保障宪法和法律规定、实施和维护而进行的一系列监督活动。法律监督是法律监督机关行使的一种权力，这种权力不是任何组织、团体和个人所能拥有的权力。即使有些机构、团体和个人可以对法律的实施提出审查、建议、申诉等行为，但这些都不属于严格意义上的法律监督，法律监督具有权威性、强制性等本质特征，法律监督的原则、内容、修订和法律监督机关的设立在宪法和法律中都有着明确规定。

法律监督与其他监督形式相比，具有以下特征：

（一）法律监督具有强制性

法律监督是由宪法和法律赋予法律监督机构和人员进行的具有强制性的活动。当有违反宪法和法律的行为时，法律监督就体现出了强制性。法律监督所做出的决定必须严格执行，任何组织和个人不得以任何活动或形式改变或者违抗法律，当作为监督客体的社会团体、个人对法律监督所作出的决定存在异议时，可以通过严格的法定程序进行申诉，在法律作出决定没有更改前，任何活动和形式都必须根据法律规定严格执行，这也充分体现了法律监督的强制性。

（二）法律监督具有意志性

法律在任何社会形态、任何时代背景下，都是由国家制定或认可，都体现了深刻的统治阶级整体意志。我国是社会主义社会，法律是广大人民群众通过国家意志来维护自身的合法权益，体现了自己的价值诉求，它不可能是任何个人意志的体现。法律监督严格按照相关法律法规制定、执行和监督，是按照国家意志进行的权力监督制约活动。在法律监督的具体运行中，任何一项监督活动的计划实施、监督方案的拟定、监督方式的选择、监督程序的实施，都是国家意志的充分体现，而不是某些团体、组织和个人的意志反映。

（三）法律监督具有平等性

我国法律适用的一项基本原则是法律面前一律人人平等，法律监督从本质上说是一种社会性、权力性的法律活动，法律监督必须严格依照宪法、法律规定依法行使。任何单位、团体、组织和个人都必须严格遵守法律，一旦出现违反宪法和法律规定的行为都会受到法律的制裁，这也充分体现了法律监督的平等性，其他的监督形式并不是对所有人都适用的，是针对特定对象进行的监督。

（四）法律监督具有国家权力性

法律监督是国家权力监督体系的重要组成部分，国家权力在运行过程中具有多种表现形式，在法律监督中主要通过立法权、司法权和监督权等内容表现出来，这些内容并非个人所有，只能为国家所有。宪法规定"中华人民共和国的一切权力属于人民，因此法律监督权也属于人民"。严格地说，社会团体、个人所享有的并非是一种权力，而是一种权利。人民代议机关"不应当是议会式的，而应当是同时兼管行政和立法的工作机关"。公民在行使权力时主要通过选举权和被选举权产生国家机构，由国家机构代表人民行使被赋予的权力。我国法律规定，法律监督必须由专门的国家机构来行使，其他任何组织、团体和个人对立法、司法和法律实施监督的权利，只能通过法律监督机构的权力来表达。

（五）法律监督具有程序规范性

我国法律明确规定了公民的权利与义务以及违反法律法规时所带来的一系列后果，是对社会和个人行为的合法性规范，这种行为规范对社会各个方面以及每一个公民都是普遍适用的。国家根据宪法和法律规定，对法律的贯彻实施进行监察督导，从方法到手段、从内容到形式、从现象到本质，都体现了程序性、概括性和规范性。例如法律监督的原则、重点和内容，实施法律监督的主体包括机构、组织或个人，以及进行法律监督的方法、规则、方式、程序等，都在宪法和法律中作了明确的规定。

法律监督在中国特色社会主义监督体系中起着至关重要的作用，主要原因在于采用了法律手段来调节经济、政治、文化、社会、生态文明建设等，规范着社会机构、组织和个人的行为，比其他手段具有更大的约束力、规范性和有效性。法律责任比其他的社会责任更具有不可逃避的性质，它通过公共权力机关的强制力进行实施。人们可以根据相关法律法规规定了解不执行、不履行法律会产生什么样的法律后果，承担什么样的法律责任。法律监督不会受到经济、政治、文化、社会等因素的影响，具有较强的稳定性、强制性和协调性。

二、法律监督的日趋完善

随着生产力的不断发展和社会实践形式的日益丰富，人与人之间的交往、经济关系等内容逐渐法律化，成为更具约束力、更稳定和更有效的规范体系。民主政治、民主管理的法制化使纷繁复杂的社会生产活动变得规范、有序和整齐划一，规则内容也变得简单明了。社会经济、政治、文化生活的法律化，使各机构、政党、组织和个人都在统一的法律规范下开展各项活动，从而使社会活动更透明和有序。

加强法律监督是现代民主政治建设的一项重要内容。我国是人民民主专政的社会主义国家，我国法律代表着工人阶级和广大人民群众的根本意志，公民的各项权利和义务只要符合宪法和法律规定都会受国家法律的保护。建立健全社会主义法治，对于破坏社会主义法治的违法行为，要给予及时、准确、有力、沉重的打击，保护人民群众的根本利益。"法律是治国之重器，良法是善治之前提。建设中国特色社会主义法治体系，必须坚持立法先行，发挥立法的引领和推动作用，抓住提高立法质量这个关键。要恪守以民为本、立法为民理念，贯彻社会主义核心价值观，使每一项立法都符合宪法精神、反映人民意志、得到人民拥护。"只有切实做到有法可依、有法必依、执法必严、违法必究，才能使社会主义法治一以贯之、全面实现。当然，除了由各级人民代表大会制定、进行法律监督外，更需要通过一些专门的监督机构和组织来监督法治的贯彻执行，保障宪法和法律的有效实现。

加强法律监督是实现中国特色社会主义事业逐步走上现代化、规范化的重要步骤，旨在彻底去除人治大于法治、个人意志超脱于国家意志等落后思想的有力举措。伴随着全面依法治国的不断推进，法律的影响力已经遍及人民群众社会生活的方方面面，而法律监督规范和调节社会活动、社会组织和个人的所有行为，包括整个社会生产生活方式。在法律实施的过程中，法律监督的内涵又有着新的变化，法律监督的对象包括对所有适用法律的国家机关、组织和个人活动的合法性进行程序性监督；运用已有的法律和法规来调节国家机构、组织和个人的合法性行为，依法检查监督实施的情况等。我国宪法明确规定了宪法监督的范围，法律监督的对象、内容、原则等也在有关监督法律中有明确规定。从我国法律监督实施和运转来看，人民检察院在法律监督中起着非常重要的作用，主要是对廉政建设监督、审判监督、经济监督、党规国法监督等内容进行程序性、合法性监督；对公共机关及其工作人员权力滥用、以权谋私、权钱交易等行为进行监督，构成违法犯罪行为的监督等。

第三节　经济监督是国家权力监督实践趋向的重点

经济是社会不断向前发展进步的前提和基础，经济基础决定上层建筑。在全面建设社会主义现代化国家的新征程中，全党和全国各族人民的中心工作，就是大力发展社会主义生产力和加快社会主义现代化建设。改革开放以来的历史和实践表明，要保证社会主义现代化建设的顺利开展，助推经济社会有条不紊、健康有序地运行，必须加强中国特色社会主义的经济监督。经济监督，是由专门的监督机构、组织和工作人员运用特定的监督方式和手段，对经济生活中的生产、分配、交换和消费过程及其经济目标的达成情况，进行系统性、合法性检查等活动。在社会主义的前提条件下，国家除了依靠党和公共权力机关对社会经济运行进行监督和审查外，国家还要通过专门的审计监督机关进行全面性、专项性监督，通过工商管理、税务、财政、统计、会计、价格、银行等进行程序性、常态化监督，有利于社会经济生活的可持续性发展。

一、经济监督的地位

我国是社会主义社会，经济行为或活动贯穿在整个运行的全过程。经济监督从表面来看主要是对社会经济运行过程的全面监督，涉及整个社会生产生活的一切领域和方面。实施经济监督的构成主要包括专门履行经济监督职能，专业性强的审计机关；具有监督职能和监督权限的非专门监督机关。这些监督机关运用各自的手段和方式，通过专项职能的发挥，对整个社会经济运行过程实施着全方位的监督，又为其他各种监督职能相互协调提供了保障。所以，经济监督既是权力监督和制约的重点，又是中国特色社会主义监督体系的重要组成部分。

经济监督是国家通过各方面的财政政策、财政关系、财政资金运动等活动，利用货币职能和价值关系对社会经济运行和国民经济活动进行的一种深刻、广泛的监督。

(一)经济监督是保障社会主义现代化建设的客观要求

社会主义现代化建设的全面开展,必须要有经济基础做支撑。而经济基础主要来源于国民经济活动的资金积累和社会生产的效能产出,这就要求财政收支既要有效地节约和调节,又要合理地供应和产出。经济监督的目的,就是要降低成本,提高效益,促进经济管理不断改善并加强管理,为社会主义现代化建设提供更多的保障。在供应、调节、筹集和使用资金的过程中,必须严格遵循社会主义市场经济规律的要求,克服财政收支分配中的铺张浪费、大手大脚。通过经济监督,国家不仅能科学、合理地使用和分配各项财政收支,同一切违反财政制度的行为作斗争,而且能够有效地增加收入,为社会主义现代化建设提供资金支持。

(二)经济监督是实现国家职能的客观要求

在社会主义改造完成后,社会主义制度正式建立,国家不仅巩固了社会主义制度、健全了国家政权的各项职能,而且具有组织广大人民群众进行社会主义经济建设、大力发展社会主义生产力的职能。为了更好实现这些职能,国家需要运用一定的经济手段,对经济生活中的生产、分配、交换、消费进行有效监督。经济监督作为公共权力运行过程中的一个重要组成部分,不仅具有监督财政收支合理利用的职能,而且具有分配资金的职能。国家运用经济监督的方式,通过经济监督职能的发挥,及时准确掌握财政收支的比例关系,有计划地调整财政收支,平衡和调整国民经济各个方面比例关系,实现对社会总产品的生产、分配、交换、消费等进行有效、科学的控制,为国家职能的有效实现打下坚实的经济基础。

(三)经济监督是实现全面依法治国的重要手段

在社会主义初级阶段,人民日益增长的美好生活需要和不平衡不充分的发展之间的矛盾是当前我国社会的主要矛盾,不平衡不充分的发展在某些阶段和某些方面还比较复杂、尖锐。加强经济监督,不仅能够采取有效的措施予以不法分子违法犯罪纠正和打击,还能够及时揭露和改正社会经济活动中不合法、不道德的行为。因此,经济监督是实现全面依法治国的重要手段。

经济监督的必要性和可靠性，从实效性上来说，关键在于经济监督的职责范围。既然经济监督是通过财政收支和资金运动对国民经济进行的控制和监督，经济监督就有纠正不科学、不合理使用资金的现象和防止经济活动中出现违法犯罪行为的职责。在社会主义初级阶段，我国经济监督的主要职责：一是预防，即防范、化解和制止在财政收支过程、社会经济活动中发生的偏离和失误，以及不合法、不合理的行为；二是保护，即依法对在社会经济活动中违反法律法规和造成巨大浪费的案例和人员追究责任，确保社会经济活动的合法性和社会主义财产的安全性；三是助推，即推动社会经济生产生活不断完善，揭露经济活动中管理不善、经营不当的行为，帮助各机构、部门加强经营和收支管理，从而实现在经济活动中以最小的代价换取最大的回报。经济监督是对经济社会生活中一切行为和结果的监督。社会生产过程中的各环节是相互促进、相互联系和相互制约的，经济监督应通过对社会生产过程中的数量、质量关系进行分析和比对，在确保国民经济健康发展、调节国民经济各项构成的比例关系等，都有着非常重要的价值和意义。

经济监督是通过社会主义市场经济的形式和职能实现的。社会主义市场经济本质上是法治经济的运行和管理，充分体现了市场在资源配置中的决定性作用和更好发挥政府的宏观调控作用，"要更好统筹国内国际两个大局，更好维护和运用我国发展的重要战略机遇期，更好统筹社会力量、平衡社会利益、调节社会关系、规范社会行为，使我国社会在深刻变革中既生机勃勃又井然有序，实现经济发展、政治清明、文化昌盛、社会公正、生态良好，实现我国和平发展的战略目标，必须更好发挥法治的引领和规范作用"。在具体的经济工作中，经济监督职能是通过经济监督的各项构成即财务监督、会计监督、税务监督、预算监督、价格监督、银行监督等职能来实现的，通过这些方式可以对经济生活的全过程进行干预并采取有效措施纠正错误。要有效地提高经济监督效力，发挥经济监督的最大效能，必须不断完善实施经济监督的手段、机制、杠杆、工具及运转方式等。

二、经济监督的特征及其权限

（一）经济监督的特征

经济监督与其他监督形式相比，有着自身显著的特征：

1. 监督实施的及时性

经济监督除了专门的财政监督之外，主要是通过财政资金的收支、平衡等实现，即通过财政收支过程中的监督和制约作用以及常规性财务、税收等监督活动，实现对经济生活中各部门、各行业、各单位及其工作人员的监督。经济监督贯穿于国家财政工作的全过程，经济监督的职能寓于经济生活中生产、分配、交换、消费、调节的各个方面。经济监督的实施及其效能的发挥应及时有效。

2. 监督手段的多重性

经济监督是维护委托人利益的需要，也是经济管理和权力制衡的需要。具体来说，经济监督包括常态化监督和专项性监督两种实施路径。常态化监督是依靠货币职能和价值关系，通过常态化的财政制度、资金管理、财政收支计划等，对整个国民经济进行调节、制约和监督；专项性监督是利用行政手段对公共权力机关、企事业单位等的经济活动进行检查、督导。经济监督是一种使用经济手段、法律手段和行政手段等将多种监督方式相融合的多重性监督。

3. 监督范围的广泛性

在全面建设社会主义现代化国家的新阶段，政治监督、法律监督具有权威性、强制性、建设性等作用和特征，而且在实施监督的原则、方法、程序和技术上也有很多相通之处，但由于监督形式本身固有特性，只能对经济生活的某些方面实施监督。而经济监督却完全不同，它有着广泛的空间范围和时间范围：从空间上看，包括一切进行资金使用、托管的机构、组织和个人；从时间上看，包括经济生活中的财政收支、经营管理等。经济监督涉及的范围十分广泛,对国民经济的各个部门、社会生产的各个环节、社会经济运行全过程进行考核测评、综合评判和监督检查,全面提高经济社会发展的整体效能。

(二)经济监督的具体权限

通过经济监督的特征可以看出,社会主义经济监督通过资金的周转、分配、使用和积累,对国民经济的各项内容进行监督。从长远来看,经济监督的主要功能是依据社会主义市场经济的客观要求制订合理的财政规划,监督经济社会生产各环节遵守和执行财政纪律、财政计划;促使各机构、组织缴纳合法所得,科学使用财政资金;及时发现经济生活中存在的各种问题,并通过积极有效方式加强监督工作,提高经济监督的水平。主要任务有:

1. 确保财政计划的编制执行

财政计划反映了政治、经济、文化、社会、生态文明建设等内容的客观现实和要求,集中体现了国民经济发展构成要素的比例关系。财政计划能否贯彻执行,对国家各项职能的实现都有着直接性的影响。各级财政、税务部门要同国民经济各机构、各部门加强合作,按照经济监督的具体要求,运用行政、经济等监督手段,确保国家各项财政计划都能贯彻执行,并动态调整财政收支计划,积极同阻碍、破坏经济社会生活的违法犯罪行为作斗争,保证国家各项财政计划都能顺利实现。

2. 确保严格按照宪法和法律的规定贯彻实施

财政政策和法律法规,既是经济监督的依据,又是贯彻执行经济社会工作要求的准绳和标准。在现实的经济活动中,由于主客观因素的影响,违反财政政策和法律法规的行为普遍存在,有的还涉及违法犯罪。为保证经济生活的顺利开展,国民经济各部门及其工作人员,都应严格按照宪法和法律的规定进行工作。经济监督的重要任务,就是监督审查国民经济各机构、部门贯彻执行财政政策的情况,同一切违反宪法和法律规定的行为进行斗争。

3. 确保财政收支计划制订的科学性

财政收支计划不仅是国家经济工作的纲领性文件,更是国民经济和社会发展的重要构成。财政计划制订的完整性、合理性和科学性,无论是对整个国家经济活动,还是对各项经济工作,都有着积极的影响。经济监督的关键职能,就是要以科学性、客观性为前提,广泛收集信息和资料,通过科学计算,协调好各级财政工作的相互关系,制订出符合社会主义市场经济客观要求的财政收支计划。

4. 促进财政管理水平的提高和财政体制的完善

财政管理水平的不断提高,对各行各业、各部门的积极性、主动性和创造性特别是生产力的发展都有着十分积极的作用。财政体制的不断完善,既是国民经济管理水平高低的反映,也是财政管理现代化的重要体现。各级财政管理部门要通过对财政预算、财政收支计划等一系列任务的审查核验,及时揭露财政收支计划中出现的各种问题,及时纠正和改善财政收支计划中不利于生产力发展的内容,探索各项财政工作的方式方法,改善财政关系,促进国民经济的健康有序发展。

社会主义发展已进入新时期,经济监督要对经济社会生产过程进行有效监督,通过社会生产各个环节的相互联系、相互作用,组织协调国民经济的比例关系,综合反映国民经济各项工作的基本情况,实现对经济社会发展中生产、分配、交换、消费的监督检查工作。

经济监督作为中国特色社会主义国家监督体系的重要构成,是与社会生产各个环节和国民经济各部门都有着紧密联系的有机系统。作为国民经济发展的重要组成,经济监督主要包含以下几个方面:国家权力监督,主要是指由全国人民代表大会、地方各级人民代表大会等,对国家和地方财政收支计划、执行和结果的监督审查工作。政府经济监督,主要是指由地方各级政府及税务、审计、银行等进行的常态化经济监督。地方各级政府在经济监督中的作用是通过财政收支计划的编制、审定、执行等进行的监督活动。各级税务、银行等主要通过日常经济业务的往来和专项审查、财政监管等途径进行的审查监督。各级审计机关主要是通过对金融机构、企事业单位的财政预算、收支等常态化检查来进行监督。部门经济监督,不同于国家监督和政府监督,因为国家监督和政府监督都具有很强的威慑力、广泛性、严肃性和权威性,部门经济监督则没有。但是部门经济监督对实际工作更加精准,其不仅有深度,还有力度。内部经济监督主要是各企事业单位和地方经济组织,根据国家的财政政策、财政纪律所进行的监督,虽然内部经济监督没有威慑性和强制力,但是最能体现民主性、常态化和及时性的一种经济监督形式。

经济监督的一系列内容在运转过程中形成一个较为系统完备的经济监督体系。在这个经济监督体系中,各个监督主体的监督责任和所承担的监督任务不同。国家权力监督面对的都是重大问题,有关预算执行、预算和决算管理等问题都需要国家经济监督,国家经济监督所担负的职责是关键性的、全局性的。政府经济监督主要针对财政收支、执行情况及结果实现的专项审查和监督。部门经济监督主要针对资金往来、财产管理和结果实现进行监督。内部经济监督主要针对本组织的财务收支和执行、预算和决算管理进行的常态化监督。

我国经济监督在经济生活中首先表现为对资金运转的审查监督,通过财政收支计划监督审查资金运转的状况,将社会资金的使用控制在可以调整和支配的范围内,实现资金使用规模和资金使用比例的对应关系;其次表现为对国民经济运行的整体态势进行审查监督,通过对财政资金进行统筹管理、资金参与分配等职能,实现对经济生活中生产、分配、交换、消费的各领域、各环节的审查监督,科学调整经济生活中各项内容的比例关系;最后体现在运用财政分配职能对经济社会实践活动进行检查监督,具体包括企业在生产经营过程中经营与管理、投入与产出等内容的审查监督;社会主义经济监督在经济生活中的职能说明,在全面深化改革的关键时期,经济监督的地位十分重要,内容非常广泛,从监督构成到监督主体职责再到监督实施路径,国家权力监督、政府经济监督、部门经济监督、内部经济监督相互配合，既有联系，又有区别，充分展现了在经济监督中的各自优势和特色。

第四节 公共权力行使主体的社会化监督是国家权力监督践行的坚实基础

社会是经济基础和上层建筑相互关系形成的有机系统，公共权力行使主体的社会化监督是整个系统中不直接行使国家权力的各民主党派、社会团体、群众组织和公民个人等社会力量，对公共权力行使主体的监督活动，是人民当家作主本质属性的直接体现。

一、公共权力行使主体的社会化监督的地位

公共权力行使主体的社会化监督是一个非常广泛的概念，主要包括人民群众监督、舆论监督、社团组织监督和政协监督等各方面内容，它在中国特色社会主义监督体系处于最基础的层面，在我国社会主义条件下，公共权力行使主体的社会化监督具有十分重要的价值和意义。一方面要对公共权力机关及其工作人员的全部行为进行有效监督，以维护每个公民的正当利益和基本权利；另一方面，要通过公共权力机关对公民行为和社会活动的监督防范，维护社会主义道德规范，保证社会运行的正常秩序。公共权力行使主体的社会化监督要对公共权力运行的全过程进行监督、审核和评价，必须对每一项社会行为和社会活动进行检查、督促和考核。在现有监督体制下，尚不可能对全部社会行为作深层次的审核监督，但由于公共权力行使主体的社会化监督的主体是人民群众、舆论媒介、社团组织和政协等，其途径是直接的民主制约，其范围包括公共权力运行的一切领域，它对公共权力运行过程中的每一个阶段都能科学反映，因而，公共权力行使主体的社会化监督为其他监督形式提供依据，中国特色社会主义监督体

系将公共权力行使主体的社会化监督作为基础。

公共权力行使主体的社会化监督是最普遍、最基本的监督机制。公共权力行使主体的社会化监督是以人民群众、舆论媒介、社团组织和政协等作为监督主体，其范围涉及政治、经济、文化、社会、生态文明建设等一切领域的社会行为，它是无所不在、无时不有的。公共权力行使主体的社会化监督不仅在其他监督形式发挥作用的领域发挥作用，而且在其他监督形式不能更好发挥作用的领域，依然可以发挥显著的作用。

公共权力行使主体的社会化监督是社会主义国家体现人民当家作主本质要求的监督形式。公共权力行使主体的社会化监督，是指人民群众、舆论媒介、社团组织和政协等对公共权力运行过程中的各种社会行为及活动，实行直接性的、以法律为依据、以维护人民群众根本利益为目的的监督活动和过程。在这里，实施监督的主体是中华人民共和国全体公民，在我国社会主义制度下，全体公民便是社会的主人。既然是主人，就不仅要间接地、通过选举自己的代表和机关来对社会事务及国家事务进行管理，而且要进行监督。作为国家主人的人民群众应充分了解、控制和监督公共权力运行过程中的每一项行为以及涉及自身根本利益的社会性活动。公共权力行使主体的社会化监督是广大人民群众对民主政治、民主管理、经济建设、社会生活进行管理的重要方式之一，也是通过公共权力的行使和监督作用的发挥，使各种社会行为都能服从于人民的意愿，服从于以人民为中心权力与利益的夙求，而不应截然相反。习近平总书记强调："党团结带领人民进行革命、建设、改革，根本目的就是为了让人民过上好日子，无论面临多大挑战和压力，无论付出多大牺牲和代价，这一点都始终不渝、毫不动摇。"❶ 公共权力行使主体的社会化监督既是我国社会主义性质的必然要求，又是我国社会主义制度的特殊表现形式。

---

❶ 习近平. 坚持人民至上 紧紧依靠人民 不断造福人民 牢牢根植人民[N]. 人民日报，2020-05-29（9）.

不仅如此，公共权力行使主体的社会化监督还是保证人民群众根本利益不受损害，保障人民主人翁地位得以实现的必要条件，如果社会失去了公共权力行使主体的社会化监督，人民群众对国家各项事务的管理也就变成了一句空话。我们应当正视历史，汲取经验教训，不断健全完善公共权力行使主体的社会化监督。

二、公共权力行使主体的社会化监督的功能

公共权力行使主体的社会化监督的基本功能和主要任务，就是保证经济社会生产过程和民主权力的行使、民主管理的实现，对于跨越宪法法律规定的范围和违背社会主义方向的行为要坚决制止，捍卫宪法和法律赋予人民的各项权力，其功能主要包括：

（一）及时反馈

公共权力行使主体的社会化监督是中国特色社会主义监督体系最直接、最有效的监督形式，因为它能够及时地、准确地发现和揭露公共权力运行过程中权力滥用、贪污腐败、违反犯罪等问题，并实现公共权力的运行过程直接展现在人民面前，直接接受广大人民群众的监督、审视和考核，从而将公共权力运行过程中存在的各种问题及时地反馈给有关部门，以便采取科学、有效的措施予以纠正。

科学计划、反馈信息、发现问题，是进行公共权力行使主体的社会化监督的最有效方式。如果公共权力拒绝人民的审查、评判和监督，将公共权力运行的问题隐藏起来，那么，那些损害人民根本利益的事实就会屡禁不止，监督的所有内容就只能停留在形式上。及时反馈是公共权力行使主体的社会化监督的首要职能，是中国特色社会主义监督体系得以存在并发挥作用的基础和前提。在反馈职能充分行使的前提下，广大人民群众不仅能及时准确地了解公共权力运行过程中一切行为和结果，而且可以真实、准确地阐述自己的观点和看法，并针对性地向公共权力机关和监督机关提出意见、看法、要求和质询，使公共权力的行使始终处于人民群众的监督之下，一

切公共权力运行行为和活动都将直接受到人民积极的、主动的审查和监督。

（二）有效制止

公共权力行使主体的社会化监督的显著特征之一，是直接性、即时性，即一切公共权力机关及其工作人员的行为和结果都应在广大人民群众的监督之中，人民群众能经常、有效、及时地进行监督，对那些可能出现的贪污腐败、权力滥用和损害人民利益的行为进行及时监督和阻止。这种监督和阻止主要包括预防、纠正和阻止。预防是指广大人民群众在某些公共权力行使之前的监督、反馈和评判。监督机关和广大人民群众要发挥合力作用。纠正是指某些贪污腐败、损害人民利益和权力滥用的行为已经发生，并产生了负面影响时，人民群众及时地进行揭露、举报并督促相关监督机关进行纠正，维护最广大人民群众根本权益的行为。阻止是指人民群众依靠人民集体的力量，发现某些贪污腐败、损害人民利益和权力滥用的行为出现苗头时，或通过法律程序向有关部门举报，或直接阻止其违法行为，由相关部门采取措施及时阻止。

（三）有力惩戒

当人民群众的根本利益受到不法侵害时，人民群众要运用法律武器来维护自己的合法权益，还要运用各种法律手段对导致这些不法行为的主体实行惩戒，并使之受到法律的约束和制裁，使任何国家机关、政党、团体及相关人员都处在公共权力行使主体的社会化监督之下。

中国特色社会主义监督体系是由各监督系统、监督制度、监督机关构成的。从总体上看，各监督系统、监督制度、监督机关是相互促进、相互制约、有机关联的。从监督形式看，主要有自我监督和外在监督。自我监督是公共权力机关、政党、组织、团体及相关人员为提高其工作效率和质量，保证公共秩序有条不紊地运行，将长期目标和短期目标有效结合的一种自我监督，例如公共权力机关、政党、组织、团体和企事业单位等所进行的内部监督。外在监督则是广大人民群众为维护国家利益、社会利益和个人利益，预防和制止少数组织或个人权力滥用、贪污腐败和损害人民利益进行的监督。

从实践上看，自我监督和外在监督是相互联系、辩证统一的。没有有效的外在监督，一切自我监督都将流于形式，失去外在监督，任何机构、组织和人员不管早期的自我监督意识有多强都难以实现。只有将自我监督置于外在监督之下，自我监督才能更好地发挥作用。同时，任何一种外在监督都不能取代自我监督，自我监督在充分发挥其作用的同时要更有效地发挥外在监督的作用，这样才能事半功倍。

自我监督与外部监督的有效结合，要有共同的基础和前提，那就是维护最广大人民的根本利益。以维护最广大人民的根本利益为出发点和落脚点的公共权力行使主体的社会化监督，就成为中国特色社会主义监督体系得以实现的基础。同时，外在监督表现为公共权力行使主体的社会化监督要通过人民或人民代表机构来进行。自我监督从实质上看，是公共权力行使主体的社会化监督深化和延展。所以，公共权力行使主体的社会化监督是社会主义其他监督形式的起始、基础和必备条件。没有公共权力行使主体的社会化监督，政党监督、国家监督、行政监督、法律监督、经济监督等，都将成为一句空话。

综上所述，任何监督都必须建立在公共权力行使主体的社会化监督基础上，都是公共权力行使主体的社会化监督的扩展、深化和延伸；公共权力行使主体的社会化监督又是其他监督的综合反映和表现。没有真正意义上的公共权力行使主体的社会化监督，其他各种监督形式也难以发挥作用，中国特色社会主义监督体系就不可能形成。相反，没有其他各种监督形式的运行和职能作用的发挥，也就不可能有真正意义上的公共权力行使主体的社会化监督。

任何事物都处在矛盾运动之中，中国特色社会主义监督体系也不例外，正是由于这种矛盾运动，推动着中国特色社会主义监督体系作用的发挥和机制的完善。同时，各种监督形式和机制由于具体的对象、功能和作用不同，在中国特色社会主义监督体系甚至在经济社会运行中的地位和作用也是不同的。正是由于这种总体目标上的一致性和具体运行中的差异性，政治监督、法律监督、经济监督、公共权力行使主体的社会化监督之间构成了中国特色社会主义监督体系内在矛盾运动、变化和发展的有机体系。

第三章 公共权力行使主体的社会化监督价值论

前文我们系统阐述了政治监督、法律监督、经济监督、公共权力行使主体的社会化监督等监督制度，这些监督都可归于国家性质的监督。这类监督都是权力系统内部或者公共权力机关各系统之间实施的，它们的共同点是监督主体和客体一般都是公共权力机关及其工作人员，监督是依法定的职权和法定程序组织的，并具有权威性、强制性的法律后果。与此相对的是，我们所研究的公共权力行使主体的社会化监督，它是来自人民群众的、自下而上的监督，监督的主体是人民群众或非国家机关的社会组织，但监督的客体都是国家机关及其工作人员，它是一种非国家性质的监督。这种监督一般不具有严格的法律形式，也不具有强制性、威慑性的法律后果，但是，这种监督能在很大程度上引起公共权力机关及其有关行政机关、司法机关、监督机关的注意，从而实现强制性监督手段的运用，并会产生威慑性法律后果，如选民对人民代表的罢免等。准确地说，公共权力行使主体的社会化监督是指人民群众，舆论机关（包括网络、报刊、电视、广播等），各种群众自治组织（居民委员会、村民委员会等），社会团体和社会组织（包括工会、共青团、妇联等），政协或者公民自行对国家机关制定政策、法律，采取行政措施和行政行为等情况提出批评、建议，对国家公职人员违法犯罪及官僚主义行为进行申诉、控告、检举，甚至罢免公职人员的一系列监督活动。

公共权力行使主体的社会化监督是中国特色社会主义监督体系中最能反映人民民主的一种监督制度。公共权力行使主体的社会化监督的广度、深度和力度，反映了一个社会实现民主的程度。正是从这个意义上说，公共权力行使主体的社会化监督才真正反映中国特色社会主义监督体系的本质和特征。我们不难从历史上监督制度发展的不同类型中得出结论。从监督制度发展史看，可以把历史上的监督制度分为三种类型：古代社会的行政型监督、资本主义社会的权力型监督和社会主义社会的社会化监督。古代行政型监督制度反映封建社会权力监督制约制度的特征。这种监督是彻底的封建王权，是中央对地方、帝王对官吏、官吏对百姓的监督，是上对下、君对臣、臣对民的监督，为的是使封建王权更快、更有效地被执行，以实行封建君主集权更加专制的统治。

权力型监督反映了资本主义权力监督制约制度的特征。资产阶级针对封建君主专制的行政型监督的内容，提出了分权制衡理论，主张国家权力与权力之间的监督。这种权力之间的相互监督和制衡能在一定程度上减少权力滥用和贪污腐败，使国家机器能在国家制度上实现一定程度的民主，更快捷地进行运转。但是，马克思在分析资产阶级分权制衡理论时深刻指出，分权制衡理论只不过是资产阶级少数人进行的内部的利益上的均衡和权力的分配。公共权力行使主体的社会化监督维护的是大多数人的根本利益，其监督的标准和成效都由广大人民群众来检验和评判。公共权力行使主体的社会化监督具有鲜明的人民立场，是以人民为中心的探索和实践，充分吸收广大人民群众的意见、全面体现人民群众的意志、自觉接受人民群众的监督，彰显了人民至上的监督理念。马克思认为，只有人民群众真正掌握对国家机器的监督管理，才能成为国家的主人。现代民主政治、民主管理的重要特点是，人民不仅有选举权和被选举权，还拥有监督权，无产阶级为了维护人民群众的根本权益，就必须宣布它自己所有的代表和官吏毫无例外地可以随时撤换。可见，公共权力行使主体的社会化监督是现代民主制度的本质特征。

第一节 公共权力行使主体的社会化监督的时代特征及实现条件

公共权力行使主体的社会化监督是人民直接参与国家事务管理，实现人民当家作主的体现，是社会民主政治、民主管理的重要标志。这种监督能最直接、最确切地反映广大人民群众对管理国家各项事业的关注，保证国家机器能够按照人民的意志运行。现代社会的民主，就是让更多的人能够更广泛、更深入地通过多种路径，积极参与国家各项事业的管理，然而在现有的现实条件下不可能让每个人都能直接参与国家各项事业的管理。国家现实存在的能直接参与管理的毕竟是少数。但是随着民主政治的不断发展，每个公民都应享有监督公共权力机关及其工作人员的机会和权利，并能保证国家机器严格按照人民的意志运行。人民对国家的监督主体地位体现了国家民主制度的本质特征。现代民主社会的一个重要特征就是实行公共权力行使主体的社会化监督，即人民群众直接参与和行使对公共权力的监督，当然行政型监督和权力型监督在监督体系中也有着至关重要的作用。只有将公共权力行使主体的社会化监督与行政型监督和权力型监督紧密联系，相互配合，才能充分发挥它们的作用。

一、公共权力行使主体的社会化监督的时代特征

公共权力行使主体的社会化监督与其他监督形式相比，具有以下显著特征：

（一）独立性和权威性

独立性和权威性是进行公共权力行使主体的社会化监督的前提条件。公共权力行使主体的社会化监督机构必须要有独立的地位和高度的权威，监督人员在行使监督职权时要有可靠的保障，这也是中国特色社会主义监督体系的重要一环，现代民主监督制度也是如此。监督制度建立健全的实践探索证明，监督机构如果有从属、依附关系，监督作用的发挥就会受到很大限制。倘若监督人员置于被监督者的报复之下，这种监督的有效性就很难实现。

公共权力行使主体的社会化监督要摆脱形式主义和官僚主义的束缚，要坚决保证和维护监督机构和监督人员的独立地位，赋予监督主体权威，并给监督人员以行使职监督权的法制保障和民主氛围。公共权力行使主体的社会化监督要体现人民的意志，而人民的意志就应具备高度的权威性，这是实现人民当家作主的监督，是代表多数人对少数人的监督。保证监督

机关地位的独立性和高度的权威性要具备一些前提条件：监督机构实行自上而下的领导体制；对被选举者有较高的道德、素养、资历、专业、文化等方面的限制和要求；监督人员行使职权免责制的实施等。

（二）社会性和人民性

从监督制度的方式和运行上来看，现代真正民主的监督制度是维护最广大人民的根本利益，体现人民对公共权力机关及其工作人员监督的制度，是真正的公共权力行使主体的社会化监督。因此，在中国特色社会主义监督体系中，公共权力行使主体的社会化监督有着极其重要的意义，应受到重视和法律保护。"各级领导人员必须充分尊重人民群众的民主权利，经常倾听人民群众的呼声和要求，认真考虑各种合理的不同意见和反对意见，诚心诚意地接受群众的批评和监督，坚决地改正自己的缺点和错误"。人民群众对人民代表和对公共权力机关的监督是中国特色社会主义监督体系的根基，人民代表对其他公共权力机关权力运行的监督具有关键性地位和作用。

监督的社会性是由公共权力行使主体的社会化监督充分体现人民意志这一特点决定的。因为民主监督体现的是人民的意志，监督实际上成为人民群众积极参与国家和社会事务管理的一种形式，公共权力行使主体的社会化监督就是要更广大人民群众参与到监督中来。监督形式往往具有广泛的主体性和多元化特点，要将多种形式的监督制度有效结合，方便人民群众更及时地参与公共权力行使主体的社会化监督，这种不断健全、不断完善的监督过程也体现了现代民主政治、民主管理的发展过程。

中国特色社会主义监督体系具有人民性的本质属性，充分彰显公共权力行使主体的社会化监督作用要从以下几个方面入手：第一，完善人民群众对公共权力机关及其工作人员的监督体系，建立健全人民群众的举报、检举、行政诉讼制度和申诉制度等。第二，实现广大人民群众对地方各级人民代表大会和人民代表的监督，使人民群众能自由、负责、合法地选择自己认同的代表。第三，加强社会舆论监督制度，使人民群众有效、快捷地对国家各项事业发表自己的看法和观点，开展批评和建议，展开讨论，这些制度的建立健全，是中国特色社会主义监督体系的重要内容。

（三）批评性

公共权力行使主体的社会化监督，目前来看，多数不具有强制性的法律手段，因而多数公共权力行使主体的社会化监督形式并不产生具有约束力的法律后果。它与公共权力机关的质询、罢免、调查监督手段不同，也与行政监督部门的记过、记大过、降级、撤职等形式不同，它主要通过社会舆论的形式，让人民群众对公共权力机关及其工作人员的行为和结果进行议论、评判、谴责，促使有关监督机关采取具有强制力的监督手段，以实现公共权力行使主体的社会化监督目的。可见，公共权力行使主体的社会化监督本身一般不具有直接处罚和强制性的惩治，它既不能对贪污腐败、权力滥用行为实施有效的惩处，也不能直接制止、撤销哪怕是明显违法的行为。这也表明公共权力行使主体的社会化监督虽具有广泛性，但在目前，这种监督的作用还并没有真正发挥，它必须与国家各项监督制度和形式有效结合才能产生积极的作用，在某种意义上说，公共权力行使主体的社会化监督目前仅起到一种督促、推动强制性监督的作用。

（四）广泛性

公共权力行使主体的社会化监督的对象或客体范围十分广大。国家各项监督制度和监督形式的范围和职权都由宪法、法律明确规定，这在民主管理的发展进程中存在局限性特点。如一些特定监督机关的监督对象主要指的是公共权力机关及其工作人员，检察监督限于司法机关及其工作人员等。而公共权力行使主体的社会化监督是针对整个公共权力机关，包括立法、行政、司法机关，从中央到地方的各级机关，针对的是所有公共权力机关及其工作人员的一切错误的、失当的、违法的行为。

（五）制约性和外部性

从监督制度的形式上说，公共权力行使主体的社会化监督制度应以监督形式的相互作用和全面的外部监督来表现。相对于公共权力运行的内部监督而言，公共权力行使主体的社会化监督属于外部监督。如果监督是公共权力机关之间进行的行为，参与监督的国家机关之间的关系就是监督主体与监督客体的关系，这就形成了制约性。

公共权力行使主体的社会化监督体系中，完善公共权力机关之间内部的监督形式和制度十分关键，它可以实现国家机器的良性运转。然而，公共权力行使主体的社会化监督并不能局限于此，更在于重视公共权力机关之间的互相监督。内部监督从实质上来看，其价值取向并不算纯粹的民主，更多地体现了效率、科学、集中。外部监督的主要价值取向是实现民主，健全完善中国特色社会主义监督体系，建立公共权力机关之间的监督制约关系，让不同监督形式之间相互分工、密切配合，形成科学有效的监督。伴随着民主政治的不断发展，人民逐渐掌控国家的各项权力，但是这种掌控并不是直接体现出来的，是通过人民群众选派自己的代表去掌控权力，被代表分别掌控的国家权力只有互相监督，才能保证人民意志在公共权力运行中更好地得以实现。公共权力行使主体的社会化监督必然重视建立和完善国家最高机关之间的相互监督、制约制度，这是中国特色社会主义监督体系的关键。

以上特征，是公共权力行使主体的社会化监督制度的时代特征，也是实行公共权力行使主体的社会化监督贯彻执行的基本依据。公共权力行使主体的社会化监督只有在具体实现过程中不断完善和进步才能更好地体现其时代特征和基本依据，监督制度才能真正发挥作用，保证独立性、人民性和高效性。

二、公共权力行使主体的社会化监督的实现条件

公共权力行使主体的社会化监督是现代民主政治、民主管理进步的必然体现，它反映了更高层次的监督形式。但真正实现这种监督，必须具备一定的条件：

（一）权力公开

权力公开是公共权力行使主体的社会化监督首要前提条件。国家的公共权力运行情况如果不能及时公开公布，公民对公共权力的运行情况和公共权力机关所采取的决策将一无所知，也就无法对国家事务发表观点看法和进行有效监督。只有将公共权力展现在阳光之下，让人民群众来审阅，才能消除公共权力运行中的各种问题。美国法学教授托马斯·埃默曾经做过相关论述。

封建专制之下，政治的本质是服务于特权阶级，维护封建王权的利益，专制力图屏蔽广大民众对一切国家事务了解的可能，国家的一切决断、措施都是采取君主独裁、大臣附议的独断方式。中国封建社会一直存在的专制独裁统治，就与封闭的、专断的政治传统和政治理念紧密相关。

马克思主义主张打破旧有的封建专制，建立真正的民主社会，使人民群众真正掌控对公共权力的管理和监督，首先就要做到权力公开。中国共产党在历史上形成的优良传统就是坚定走群众路线，从群众中来，到群众中去，关于党的一系列路线、方针、政策，都能积极地、广泛地听取人民群众的批评和建议，始终把党的行动和结果置于公共权力行使主体的社会化监督之下。

权力公开对建设一个现代民主社会十分必要。首先，权力公开能极大地调动广大人民群众的积极性、主动性和创造性，让人民群众积极有效地参与到公共权力行使主体的社会化监督中来，把国家的管理变成人民群众的自我参与。其次，权力公开能够使人民群众对国家事务进行讨论和参与决定，有利于及时了解公共权力运转中存在的各种问题，保证公共权力运行的正确性。最后，权力公开能大大增加人民群众在民主政治、民主管理过程中面对新形势、新挑战的应变能力。在人民群众想监督公共权力、参与政治行为时，对人民封锁信息就会产生各种问题。没有权力公开，就不可能有人民群众对公共权力行使主体的社会化监督，也就无法实现民主。

实行权力公开可以做到让广大人民群众全面知晓已经发生、正在发生、未来发生的行为和事件。这就需要对国家重大方针政策进行公开性报道；国家领导人或新闻机关应定期或不定期进行工作汇报，向人民群众及时报告国家的重要事项和活动，解释相关政策，中国共产党应及时与各民主党派、人民团体进行定期协商。让人民群众更加立体、系统地了解事情的来龙去脉，把历史、现实告诉人民群众，除必须保密的事项之外，其他内容应及时向社会公开，人民群众也有权审查、监督国家重大政策的文件、记录和档案等。

（二）允许批评

实现公共权力行使主体的社会化监督，就必须允许人民群众对公共权力机关及其工作人员进行批评和建议。我国宪法规定，公民有对任何国家机关和国家工作人员提出批评和建议的权利。一切国家机关和国家工作人员要倾听人民的意见和建议、接受人民的监督。要保护人民群众的批评建议权，要充分地给人民群众以发表自己观点和看法地行为。保障人民群众的批评建议权，可以从以下两个方面入手：第一，公共权力机关及其工作人员是人民的公仆，应当接受批评和建议。只要批评建议是真实客观，具有建设性，就应受到法律保护。倘若这种批评建议是捏造事实，或者知道捏造事实会对党和国家造成严重后果的，就应当依法追究其责任。第二，党和国家的整体决策和党和国家领导人个人行为二者并不能直接相提并论，《关于党内政治生活的若干准则》也有着清晰的说明。要保护公民的批评建议权，就应在法律上科学分辨对党和国家机构及其工作人员的正当批评与违法犯罪的界限。

保障最广大人民群众的批评建议权，就要创造民主科学、广开言路的环境和氛围，让人民群众的观点、看法、要求、批评和建议充分地展现出来，在党和国家机关以及人民内部的政治生活中，要采取民主方式。宪法和法律规定的各种保障公民权利的内容，都应当坚决贯彻、执行和保障，任何机关和组织都不能违背。只有创造出科学、公开、民主的环境和氛围，充分保障人民群众宪法和法律赋予的权利，公共权力行使主体的社会化监督才能真正实现。

（三）法制保障

公共权力行使主体的社会化监督如果没有法制提供保障，将无法实现。我国宪法和法律保障公共权力行使主体的社会化监督权最关键一环，就是用法律保护和支持人民群众的出版自由、言论自由，要保障人民群众对公共权力运行的审查、批评、建议，依法对贪污腐败、权力滥用等违法犯罪行为的检举、控告权利。公民的出版自由、言论自由是社会组织和人民群众对公共权力实施监督的手段，是广大人民群众被赋予的法律权利。如果人民群众的合法行为受到追究和惩治，就谈不上公共权力行使主体的社会化监督。

在我国，宪法规定了公民的出版自由、言论自由等一系列权利，还规定了公民对公共权力机关及其工作人员的权力滥用、贪污腐败、违法犯罪行为有提出申诉、控告或检举的权利。但目前由于这些规定并没有具体的实施程序，缺乏有效的法律保障，人民群众在行使批评和建议权时并不顺畅。要提升公共权力行使主体的社会化监督，就要制定和完善有关的法律法规，需要法律法规为公共权力行使主体的社会化监督提供保障。目前国家已越来越重视公共权力行使主体的社会化监督，关键问题是这些法律法规要从具体实际出发，切实维护人民群众的权益，例如：出版法、新闻法在制定时，要保证人民群众通过出版和新闻媒介方式，发表对公共权力机关及其工作人员观点、看法的权利，使公共权力运行中的权力滥用、违法犯罪行为得到及时制止，使法律成为保护公共权力行使主体的社会化监督的坚强后盾；还可以制定和完善权力公开运行的法律，为公共权力行使主体的社会化监督创造条件。

要保护人民群众对公共权力机关及其工作人员的批评、建议、监督权，就要用法律法规明确人民群众行使这一权利的具体内容。一方面，让人民群众正确行使公共权力行使主体的社会化监督，使人民群众的批评、建议、审查、控告有法可依，并且防止这些监督权的滥用；另一方面，要保障公共权力行使主体的社会化监督权的顺利实施，防止人民群众在行使职责时遭遇打击报复。宪法规定，公民有对任何国家机关和国家工作人员的违法失职行为，向有关国家机关提出申诉、控告或者检举的权利，但不得捏造或者歪曲事实，进行诬告陷害。法律还规定，对于公民的申诉、控告、检举，国家机关必须查清事实，负责处理，任何人不得压制和打击报复。当人民群众权益被公共权力及其工作人员侵犯而受到损失时，人民群众有依法取得赔偿或补偿的权利，人民群众对公共权力及其工作人员提出的申诉、控告、检举的结果要有所回答。公共权力及其工作人员如果因受人民群众申诉、控告、检举而对人民群众报复的，必须依法追究责任，要使人民群众因受公共权力及其工作人员的损害得到切实的赔偿或补偿。因此，需要尽快完善我国的各项法律保障机制，切实保障各项权益保护法的实施，为人民群众进行公共权力行使主体的社会化监督创造条件，建立健全公共权力行使主体的社会化监督程序法、赔偿法等，这些法律的制定、完善和实施，对保障公共权力行使主体的社会化监督具有极其重要的现实意义。

第二节　公共权力行使主体的社会化监督的建构价值

面对新形势、新时期、新任务，公共权力行使主体的社会化监督的目的是充分调动一切积极因素，及时、有效地揭露、督查、检举和预防一切权力滥用、贪污腐败、违法乱纪等违背党纪国法的行为和结果，推动公共权力机关及其工作人员在职责权限中不断深化改革，预防和化解各种社会矛盾，更好地解放和发展生产力，保证国家的路线、方针、政策严格按照社会主义建设规律不断向前推进。公共权力行使主体的社会化监督，在国家经济、政治和社会发展的进程中，有着十分重要的建构价值。

一、公共权力行使主体的社会化监督与"四个全面"战略布局的辩证统一关系

公共权力行使主体的社会化监督与"四个全面"战略布局是辩证统一的关系,要将公共权力行使主体的社会化监督积极融入"四个全面"战略布局之中。在这其中,全面建设社会主义现代化国家需要公共权力行使主体的社会化监督提供方向性遵循。公共权力行使主体的社会化监督更要服务于全面深化改革,要在全面深化改革中把公共权力行使主体的社会化监督不断推向深入。公共权力行使主体的社会化监督是全面依法治国的重要举措,要在全面依法治国中推进公共权力行使主体的社会化监督工作的制度化、程序化、法治化。公共权力行使主体的社会化监督更有助于实现全面从严治党,要以全面从严治党的进程中巩固和发展公共权力行使主体的社会化监督。

2020年,党的十九届五中全会指出,从全面建成小康社会到基本实现现代化,再到全面建成社会主义现代化强国的"两步走"战略安排,既体现了我们仍处于社会主义初级阶段的基本国情,也是更好助推中国高质量发展的必然之选。"四个全面"战略布局和公共权力行使主体的社会化监督作为有机统一的整体,具有广泛的系统性、科学的布局性和协同的创新性。在"四个全面"战略布局中,全面建设社会主义现代化国家是中国特色社会主义建设的总目标;全面深化改革、全面依法治国、全面从严治党是中国特色社会主义事业的重要支撑,为实现全面建设社会主义现代化国家的目标提供强有力保障。围绕"四个全面"战略布局的中心任务、更好服务于中国特色社会主义事业是公共权力行使主体的社会化监督的行动方向和价值所趋。"四个全面"战略布局为公共权力行使主体的社会化监督工作的推进提供了新的方向和路径,也对公共权力行使主体的社会化监督工作提出了更高的要求,厘清二者的关系有利于助推公共权力行使主体的社会化监督更好地服务"四个全面"战略布局。

（一）公共权力行使主体的社会化监督与全面建设社会主义现代化国家的关系

1. 公共权力行使主体的社会化监督是全面建设社会主义现代化国家的力量之基

2020年我国已全面建成小康社会，新的征程中，全面建设社会主义现代化国家也便成为中国共产党带领中国人民下一个必然要实现的目标，全面建设社会主义现代化国家的成果将惠及最广大人民群众。公共权力行使主体的社会化监督作为有效监督制约、发动人民群众积极参与国家各项管理事务的重要方式，在全面建设社会主义现代化国家中肩负着重要任务和使命。全面建设社会主义现代化国家的战略目标，既反映了广大人民群众对中国特色社会主义事业的新期盼、新要求，也更好地回应了当前国内外的新形势、新变化、新任务。在全面建设社会主义现代化国家的进程中，无论是凸显人民当家作主的主体和地位，还是坚定维护最广大人民的根本利益；无论是先富带动后富、实现共同富裕，还是更好地维护社会的公平正义，都应充分体现中国共产党全心全意为人民服务的宗旨和要求。作为人民当家作主重要构成的公共权力行使主体的社会化监督，是人民群众有效参与全面建设社会主义现代化国家的直接路径。全面建设社会主义现代化国家是中国共产党对最广大人民群众的庄严承诺。

2. 全面建设社会主义现代化国家需要公共权力行使主体的社会化监督提供有力支撑

全面建设社会主义现代化国家，不仅需要中国共产党对各项事业的全面领导，更需要全国各族人民齐心协力的努力和奋斗。公共权力行使主体的社会化监督作为党和国家建设事业的重要构成，对全面建设社会主义现代化国家具有重要的推动作用。经济全球化的背景下，科技日新月异，经济发展、科技创新、人才竞争已经成为当今世界的中心话题，人才在国家各项事业中的地位和作用愈加重要。公共权力行使主体的社会化监督要想更好地服务于全面建设社会主义现代化国家，就要打造一批敢于担责、善于监督、全心全意为人民服务的高素质监督人才，构建一支作风优良、结构优化、规模庞大的人才梯队，充分调动社会各类人才的积极性、主动性和创造性。公共权力行使主体的社会化监督应聚集各方向、各阶层和各领域的优秀人才，无论是更好地服务于经济、政治、社会的有序、科学发展，还是推进基层社会治理的现代化；无论是更好地完善社会主义市场经济体制，还是服务于中国式现代化的道路；无论是促进经济建设、政治建设、文化建设、社会建设、生态文明建设的发展，还是帮助广大人民群众积极参与到民主管理中来，都需要人民群众的广泛参与。要充分发挥公共权力行使主体的社会化监督的基础性优势，引导广大人民群众积极投身全面建设社会主义现代化国家的伟大事业中来。

（二）公共权力行使主体的社会化监督与全面深化改革的关系

1. 公共权力行使主体的社会化监督要服务全面深化改革

建设富强、民主、文明、和谐、美丽的社会主义现代化国家，实现中华民族伟大复兴的中国梦，迫切要求在新形势下全面深化改革。"我们国家进行全面深化改革新的伟大革命，更需要争取人心、凝聚力量，把党内外海内外各族各界全体中华儿女都团结起来，齐心协力、共同奋斗"。公共权力行使主体的社会化监督对于推进全面深化改革具有独特的优势。公共权力行使主体的社会化监督发动最广大人民群众积极投身民主政治和民主管理，为全面深化改革提供强大的力量支撑。公共权力行使主体的社会化监督本身就具有积极参与、广泛监督、化解矛盾、协调各方的作用，能够更深入地协调全面深化改革中涉及的各种利益关系，有效预防和化解不利于全面深化改革的各种问题和矛盾，营造和谐稳定、畅通无阻的民主氛围。公共权力行使主体的社会化监督通过进一步优化民主制度和参与方式，进一步调动了广大人民群众的政治参与意识，为全面深化改革提供强有力的内生动力。通过公共权力行使主体的社会化监督彰显民意、反映诉求，党和国家的各级部门能够更有效地了解和把握全面深化改革的推进情况。

2. 要在全面深化改革中把公共权力行使主体的社会化监督事业推向前进

全面深化改革的总目标是完善和发展中国特色社会主义制度，推进国家治理体系和治理能力现代化。全面深化改革的总目标深刻阐明了当前我国在推进各项事业深入进行的特殊任务和艰巨使命。全面深化改革要更加注重改革的科学性、协同性和整体性，加快推进经济建设、政治建设、文化建设、社会建设、生态文明建设，让一切人才、知识、技术、资源等能更好地发挥优势，让改革的一系列成果能够全面影响包括公共权力行使主体的社会化监督在内的各方面内容。

全面深化改革离不开公共权力行使主体的社会化监督，只有凝心聚力，发动最广大人民群众的参与，才能有效形成合力。全面深化改革必须利用好、协调好、发展好公共权力行使主体的社会化监督，推进公共权力行使主体的社会化监督的有效实现。公共权力行使主体的社会化监督是全面深化改革的重要内容，要发挥公共权力行使主体的社会化监督的作用，推进社会主义民主政治和民主管理的程序化、规范化、制度化，让人民民主更加科学、更加广泛、更加有力地发展起来，需要广大人民群众的有序参与。推进社会主义民主政治、民主管理制度的建设，构建科学有效、权责清晰、运行合理的民主参与体系，需要发挥公共权力行使主体的社会化监督的重要作用。

（三）公共权力行使主体的社会化监督与全面依法治国的关系

1. 公共权力行使主体的社会化监督是全面依法治国的重要力量

党的十八届四中全会指出："依法治国，是坚持和发展中国特色社会主义的本质要求和重要保障，是实现国家治理体系和治理能力现代化的必然要求，事关我们党执政兴国，事关人民幸福安康，事关党和国家长治久安。"全面依法治国、建设法治中国是中国特色社会主义事业的重要内容，更离不开公共权力行使主体的社会化监督的有力支持。公共权力行使主体的社会化监督是全面依法治国的重要力量，要积极服务于法治中国的建设。公共权力行使主体的社会化监督是体现人民当家作主的重要方式，是实现党的领导、人民当家作主、全面依法治国的基础。公共权力行使主体的社会化监督的主体成员中有很多是知识分子、业界专家、知名学者等，能够在推进公共权力行使主体的社会化监督、建设法治中国等方面发挥积极的作用。

2. 要在全面依法治国中推进监督工作的法治化

要深刻把握依法治国对公共权力行使主体的社会化监督提出的新任务、新要求、新内容，坚持党的领导、人民当家作主、全面依法治国相结合，既要服务全面依法治国，又要推进中国特色社会主义事业的不断向前。公共权力行使主体的社会化监督应融入全面依法治国的进程之中，不断提高程序化、制度化、规范化水平。依法治国要为公共权力行使主体的社会化监督工作的开展提供制度保障、环境保障和权威保障。监督主体职责清晰是公共权力行使主体的社会化监督的根本问题，全面贯彻中国共产党的领导是公共权力行使主体的社会化监督的前提和基础。在推进公共权力行使主体的社会化监督过程中加强中国共产党的全面领导，需要将法治思维、法治手段、法治方式有机结合。我国宪法明确规定了中国共产党在中国特色社会主义事业中的领导核心，为公共权力行使主体的社会化监督工作的开展提供了重要的保障。我国是社会主义国家，人民是国家的主人，要维护好最广大人民的根本利益必须要推进全面依法治国。公共权力行使主体的社会化监督是民主政治、民主管理的一大特色，同样需要全面依法治国的实现。以宪法为核心的中国特色社会主义法律体系，为公共权力行使主体的社会化监督工作的进行奠定了坚实的法律基础。只有在全面依法治国的进程中，公共权力行使主体的社会化监督才能拥有稳定的法治环境，才能有效得以实现。

（四）公共权力行使主体的社会化监督与全面从严治党的关系

习近平总书记对于党的建设的重要论述是深入推进全面从严治党的重要理论源泉。全面从严治党，首先要做全面，在全面的基础上才能更好地从严，对于全面从严管党、治党来说，"全面"自身主要包括以下几个方面的要求。首先是从严治党的主体全覆盖，这里的主体不仅包括各级党组织和国家机关，而且包括最广大的人民群众；其次是治党全过程的从严，这就要求从严治党在各个方面的科学化、制度化、常态化；最后是从严治党内容的全面性，要包括党的思想建设、组织建设、制度建设、作风建设和反腐倡廉建设等各个层面。公共权力行使主体的社会化监督要在全面从严治党中发挥重要作用。一方面，公共权力行使主体的社会化监督能够在全面从严治党过程中发挥最广大人民群众的监督作用。公共权力行使主体的社会化监督能够更好地实现建言献策、民主检举、批评建议等内容，增强监督的广泛性、针对性和实效性，助力推进全面从严治党，把全面从严治党落细落小落实。另一方面，公共权力行使主体的社会化监督能够在现代民主政治建设和民主管理中发挥重要作用。

公共权力行使主体的社会化监督作为中国特色社会主义监督体系的重要组成部分，应在全面从严治党的指导下加强思想建设、组织建设和制度建设。通过全面从严治党的有力支持，公共权力行使主体的社会化监督才能更好地发挥其功能。

二、公共权力行使主体的社会化监督是人民群众主体地位的重要体现

人民群众是历史的创造者，是社会物质财富的创造者，是社会精神财富的创造者，是社会变革的决定力量。社会主义民主政治、民主管理充分体现了人民当家作主。人民当家作主不仅体现在国家管理制度、社会建设发展方面，同时还体现在人民群众对公共权力机关及其工作人员的监督制约方面。我国宪法对人民群众的监督权有着明确的规定："全国人民代表大会和地方各级人民代表大会，对人民负责，受人民监督""公民对于任何国家机关和国家工作人员，有提出批评和建议的权利；对于任何国家机关和国家工作人员的违法失职行为，有向有关国家机关提出申诉、控告或者检举的权利……任何人不得压制和打击报复"。公民对公共权力机关及

其工作人员享有监督的权力，公共权力机关及其工作人员有接受人民群众监督的义务，是人民当家作主主体地位的集中体现。

公共权力行使主体的社会化监督和社会主义民主政治、民主管理是不可分割的。一方面社会主义民主政治、民主管理是公共权力行使主体的社会化监督的前提，只有充分凸显人民群众的主体地位，才能享有充分的监督权利。另一方面，公共权力行使主体的社会化监督是社会主义民主政治、民主管理的重要构成，人民群众不能有效实现监督权，人民当家作主就无法实现。我国有14多亿人口，数量庞大，在实际操作中无法实现每个人都直接参与国家事务的管理，人民要通过选举代表，由这些代表代表人民行使国家的各项权力。为了更好地反映人民意志，让人民更好地体现自己的主体地位，人民群众要对所选举的代表及由代表组成的公共权力机关及其工作人员的行为和结果进行有效监督，通过批评、建议、检举、投诉、问询等方式，促进公共权力机关及其工作人员清正廉洁、遵守党纪国法，全心全意为人民服务，真正维护最广大人民的根本利益，实现人民当家作主。人民群众也可以通过更好地行使监督权，激发人民群众的积极性、主动性，为全面建设社会主义现代化国家贡献自己的力量。因此，公共权力行使主体的社会化监督是人民当家作主主体地位的集中体现，是社会主义民主政治、民主管理的有效方式，没有科学、有效的公共权力行使主体的社会化监督，也就无法实现社会主义民主制度。

三、公共权力行使主体的社会化监督是推进国家民主政治建设的重要环节

社会主义制度不是凭空出现的，它是在原有社会制度的基础上演变出现的，难免会有一些原有制度的烙印。新时期，我们要正确看待原有制度的遗留和影响，克服原有制度烙印所带来的负面效应。充分发挥社会主义制度在中国特色社会主义事业中的作用，不仅要加强制度建设，还需要最广大人民群众的有效监督，公共权力行使主体的社会化监督对推进国家的

民主政治制度建设有着重要的作用。

第一，公共权力行使主体的社会化监督可以防止公共权力机关及其工作人员权力滥用、贪污腐败、违法犯罪等行为。在总结巴黎公社教训和经验时，马克思就提出了防止公共权力机关及其工作人员权力滥用、贪污腐败、违法犯罪的重要措施，这就是人民群众所进行的直接性监督。

中国共产党由革命党转变为执政党后，已经注意到在新形势下党员干部会出现权力滥用、贪污腐败等问题。党的历次会议也一直在强调监督的作用，提出了一系列加强党对公共权力机关及其工作人员进行监督的途径，包括通过加强各级人民代表大会对公共权力机关及其工作人员进行监督的方法；加强人民群众对公共权力机关及其工作人员的建议、举报、批评和监督的方法，同权力滥用、贪污腐败、违法犯罪作斗争。

因为经验的不足，在社会主义的探索和建设中，我们也出现了一些政策的失误，脱离了原有的党的路线、方针、政策，最终造成了困难的局面。现代民主政治的历程充分体现：没有人民群众最广泛的监督和制约，公共权力机关及其工作人员就有可能会出现权力滥用、贪污腐败、违法犯罪的行为。公共权力行使主体的社会化监督，是公共权力机关及其工作人员防止权力滥用、贪污腐败，实现清正廉洁的有力支撑。

第二，公共权力行使主体的社会化监督，是遏制公共权力机关及其工作人员由公仆变主人的重要方式。公共权力机关及其工作人员由公仆变主人是一个危险的信号，严重阻滞中国特色社会主义事业的建设和发展。一旦出现，短时间很难进行根除。公共权力机关及其工作人员由公仆变主人的主要原因，源于我们历史上高度集中的管理体制的影响，这种历史传统突出了权力集中在少数人手里的特征。而权力的过度集中会导致个人的权力凌驾于整个社会之上，严重损害了人民当家作主的地位；权力的过度集中也无法实现对权力的监督和制约，严重破坏党和国家的民主生活；权力一旦不受监督制约，负面影响会非常大，无论好人还是坏人在没有监督的前提下行使权力，就会很容易出现贪污腐败、违法犯罪的现象。所以，遏制公共权力机关及其工作人员由公仆变主人，必须拓展各种公共权力行使主体的社会化监督途径，畅通各种公共权力行使主体的社会化监督渠道。必须建立相应的监督制度，特别是自下而上的公共权力行使主体的社会化监督制度，只有充分发挥监督制度的作用，才能防止公共权力机关及其工作人员权力滥用、贪污腐败、违法犯罪的现象，有效预防公共权力机关及其工作人员由公仆变主人。

第三，公共权力行使主体的社会化监督是加强反腐倡廉建设和预防权力腐败的重要途径。我们党历来重视反腐倡廉建设。十一届三中全会以来，党在历次会议中先后制定了一系列反腐倡廉建设的举措和政策，同腐败行为进行坚决斗争，惩处了一批批腐败案件和犯罪分子。但因为客观现实的制约，当前在公共权力机关及其工作人员中依然还存在腐败现象，在现有的条件下，腐败现象主要包括权、钱、色之间相互交织的违法犯罪行为，这不仅会打击广大人民群众进行社会主义建设的积极性、主动性和创造性，还会破坏改革开放至今所取得的一系列成果。加强反腐倡廉建设和预防权力腐败，除了需要国家机关进行自上而下的监督之外，从系统思维的角度来看，还需要依靠公共权力行使主体的社会化监督的力量，特别是在当前公共权力机关及其工作人员腐败现象依然存在的情况下，强化公共权力行使主体的社会化监督，具有重要的现实意义。

四、公共权力行使主体的社会化监督是实现社会主义国家职能的重要条件

国家职能是国家在维护统治阶级利益、体现统治阶级意志、实现统治阶级任务的过程中所具备的职能和作用。社会主义国家职能具体来说包括政治职能、经济职能和社会管理职能等方面。国家政治职能主要体现在维护国家统一和民族团结，坚决捍卫国家主权和领土完成，加强国防建设和军队建设，防御政权颠覆和外来入侵，维护最广大人民群众根本利益，保证社会主义市场经济能够健康有序发展，坚决惩治违法犯罪行为。在我国

要实现国家政治职能，就必须建立健全公共权力行使主体的社会化监督机制，加强民主政治、民主管理的建设，积极扩大公民的有序参与，扩大公共权力机关活动的开放程度，国家重大方针政策要让人民知晓，重大行动要让人民积极参与。

在实现国家经济职能的过程中同样需要有公共权力行使主体的社会化监督。国家的经济职能主要是保证社会主义市场经济的健康有序发展；完善国民经济发展规划；运用财政、税收、工资、投资、价格等手段和方法，调整、指导、理顺现代企业的规模、速度、效益和生产经营方向，保障企业既定经济目标的实现；制订符合市场规律的经济技术条例、法规、政策、规章等；规定并颁布行业内经济技术规则、标准、方案、规范；协调地区、组织、部门、企业之间的发展规划和合作关系。所有这些国家经济职能的实现和深化都要让人民群众指导、参与和制定。所以，实现国家的经济职能也离不开公共权力行使主体的社会化监督。

国家的社会管理职能主要指的是文化教育和社会公共事业的建设和发展，与国家政治职能、经济职能的发展相适应。在我国，文化教育事业，主要有科学技术、教育、艺术、卫生、新闻出版、广播影视、体育、图书馆、博物馆等各项基础性事业。有序、高效发展文化教育事业除了需要专门的文化管理机构的指导、管理之外，还需要人民群众的广泛检查、监督和督促。社会公共事业，目前主要包括相关人员的养老保险、合作医疗、离退休政策、失业保险、社会救济、住房补贴、环境保护和环境治理等，这些社会公共事业的实现，主要通过建立专门机构对养老保险、合作医疗、离退休政策、失业保险等进行管理来实现，这些都离不开人民群众的广泛参与、监督和制约，公共权力行使主体的社会化监督是实现国家社会管理职能的重要前提和基础。

五、公共权力行使主体的社会化监督是提高国家管理水平和取得最佳效益的重要方式

我国社会主义现代化建设已取得了辉煌的成就，但我们还处在社会主义初级阶段，在社会主义建设过程中并没有实现最大效用，主要原因在于我们现代管理的水平较低，管理手段并没有适应现实生产力的快速发展。管理应体现为"一切规模较大的直接社会劳动或共同劳动"，对于中国特色社会主义事业的建设，指导社会生产生活的实现是非常重要的。通过公共权力行使主体的社会化监督，管理国家事务，管理经济文化事业，管理社会事务，及时预防和发现在国家重大决策、社会管理决策的制定和执行中的权力滥用、贪污腐败、违法犯罪等行为，保证全社会生产生活能够沿着社会主义的发展方向，提出针对性的措施，帮助国家管理和社会发展的各个环节都建立起相应的监督制度，完善国家管理模式，提高管理水平，从而保证经济、政治、社会活动都取得最大的社会效用。

同时，公共权力行使主体的社会化监督是实现现代民主管理和科学高效决策的重要手段。以往我们进行的各项工作，主要依靠旧有经验，缺乏严格的监督和严格的检验，制定的方针、政策、内容、方法和举措等容易出现失误。这些失误在具体实现过程中很难及时改正，很容易造成重大损失。

在改革开放不断深化的过程中，科学有效的决策，离不开一些重要的经验，更需要科学论证、调查研究和公共权力行使主体的社会化监督的介入。社会主义现代化建设越来越体现出变化快、规模大、覆盖面广、技术性强、体系复杂等特点。科学有效的决策不仅仅需要有专门的技术和手段，还要综合考量各种因素，纯粹依靠旧有的经验和主观的判断是很难实现的，必须依靠严谨的科学、群众的力量，与公共权力行使主体的社会化监督有机结合起来。公共权力行使主体的社会化监督不仅是对国家路线、方针、政策、内容、方式等方面的监督，还包括技术层面、管理层面等方面的监督，这也体现了监督多角度、多方面、多层次的特点。随着改革的不断深入，要

不断明确分工、划清权责，要明晰相关人员在行使职能过程中是否准确执行党的路线、方针、政策以及国家的法律法规，完成既定的管理目标和工作，这不仅取决于相关人员的能力和才华，也取决于在实施过程中是否实现了有效、科学、民主的公共权力行使主体的社会化监督。

六、公共权力行使主体的社会化监督是深入推进反腐倡廉工作的重要手段

在社会主义现代化建设过程中，各种权力滥用、贪污腐败、违法犯罪等行为依然存在，而这些行为和现象会给中国特色社会主义事业的建设造成极大的困扰和破坏。社会主义国家通过对公共权力行使主体的社会化监督，不但能够及时发现和纠正这些权力滥用、贪污腐败、违法犯罪等现象，而且能够及时了解和掌握现代化建设过程中的新情况、新问题，为进一步建立健全各项规章制度，为社会主义民主政治、民主管理的发展提供坚强有力的保障和依赖，还可以帮助人们培养法治思维，增强法治观念，健全完善社会主义法治制度，推进全面依法治国，维护社会主义的公平正义。如若不然，法律法规、各项制度就无法得到保障，现代民主政治、民主管理工作就不能有效进行，中国特色社会主义事业也就无法实现。

新时代、新形势、新任务，我们必须要有清醒的认知，在公共权力的行使和运转过程中权力滥用、贪污腐败、违法犯罪等现象依然存在。以习近平总书记为代表的党中央对这些违法犯罪行为高度重视并从严处理，体现了党和国家的坚强意志。权力滥用、贪污腐败、违法犯罪等在目前主要表现为以权谋私、官僚主义、权钱交易、贪污腐败、敲诈勒索、贪图享受、腐化堕落、道德败坏、任人唯亲等。这些违法犯罪行为的产生原因是复杂的、多变的。其中公共权力行使主体的社会化监督体系不健全，是这些违法犯罪行为依然存在的重要原因。目前各种形式监督存在的问题十分明显：一方面是因为监督主体的力量薄弱，广大人民群众缺少公共权力行使主体的社会化监督意识，致使监督主体的数量不多；另一方面是监督机构的职能不清，

缺乏完整、科学、有效的监督制约机制，导致一些公共权力机关和工作人员权力滥用，以权谋私、违法犯罪。这也充分表明，权力缺乏监督就会导致腐败。因此，公共权力行使主体的社会化监督，就是要对社会可能产生和已经产生的权力滥用、贪污腐败、违法犯罪等现象加以预防、揭露和处理，保证中国特色社会主义事业的健康、有序运行。

第四章

公共权力行使主体的社会化监督载体论

公共权力行使主体的社会化监督的载体是多种多样的，有时表现为人民群众的监督，有时表现为社团组织监督，有时表现为政党或党派监督，有时表现为新闻舆论媒体监督，而各种监督的具体内容与形式又有所不同。公共权力行使主体的社会化监督以人民群众监督、舆论监督、社团组织监督和政协监督为主要载体，全方位地展开权力监督。尽管公共权力行使主体的社会化监督的各载体、诸形式从表面上看比较零乱，但它们相互之间却有必然的内在关联。第一，人民群众监督是舆论监督、社团组织监督和政协监督的基础。人民群众监督所采取的批评、建议、检举、控告、申诉等方式也适用于社会组织以及舆论监督。第二，舆论监督又是人民群众、社团组织、政协行使监督权利的重要手段。人民群众、社会团体、政协都可以通过新闻传媒提意见，作批评。许多报刊还开辟了群众来信、反馈专栏，反映群众的疾苦和呼声。第三，社团组织监督、政协监督、舆论监督是组织性较强的监督形式，从影响力和深度上要高于人民群众监督。特别是人民政协的政治协商、民主监督、参政议政属于高层次的监督，新闻媒介对公共权力的运转、重大社会问题的出现等提出客观分析、对策观点，也是较为深层次的监督形式。

第一节　人民群众监督

在我国，人民当家作主的本质属性，决定人民群众的监督在中国特色社会主义监督体系中有极其重要的地位。人民是国家的主人，人民群众管理国家事务主要是：一方面通过选举等方式进行国家事务的管理；另一方面通过对国家机关及其工作人员的监督，行使当家作主的权利。人民群众监督有直接监督和间接监督两种方式：直接监督是人民群众通过社会性组织、机构和个人直接参与对国家机关、机构、组织及工作人员进行监督；间接监督是人民群众通过选举人民代表实现对国家机关及其工作人员的监督。

在中国特色社会主义监督体系中，人民群众监督是根本、是关键、是基础，甚至可以说是现代民主政治、民主制度的根基。我国宪法和法律明确规定，国家行政机关、国家司法机关由人民代表大会选举产生，并对它负责受它监督，而各级人民代表大会是人民群众通过选举产生的，要对人民负责、自觉接受人民监督。国家机关和工作人员都要及时倾听人民群众的意见和建议，自觉接受人民的监督。这也充分说明，人民群众监督是中国特色社会主义监督体系的基础和前提。虽然在实施过程中，很多内容还是停留在法律和理论中，人民群众监督声音还是比较微弱，这也表明中国特色社会主义监督体系还需要进一步完善。

根据我国宪法和法律的规定，人民群众监督的类型主要有两种：一种是有法律原则、法律依据和具有法律效力的监督，这种属于正式监督；另一种是不具有法律原则、法律依据和法律效力的监督，这种属于非正式监督。正式监督是指人民群众依据宪法法律规定对由它产生的国家机关及其工作人员的监督、审查及罢免。非正式监督是指人民群众对国家机关及其工作人员提出建议、批评、检举、申诉、控告的权利。这两种监督，我们将正式监督总结为选民权利监督，将非正式监督总结为个人监督。

一、选民权利监督的含义和内容

选民权利监督是具备选举权的人民群众对其选举的国家机关及其工作人员进行监督、审查及罢免的一种监督制度。选民权利监督是代议民主制的直观体现，也是实行代议民主制的基础。

根据宪法法律规定，人民代表在行使国家权力、监督公共权力运行中，责任重大。法律相应赋予人民代表很多重要的权利，这些权利包括选举权、罢免权、提案权、表决权、质询权和人身保护权等。这些权利的赋予正是为了更好地保护人民代表履行监督职责，让人民代表积极地行使这些权利，保证公共权力更加科学地运转；同时这些权利也并不等同于公民所享有的其他权利，这些权利是不可转让和不可随意丢弃的，在适应内容出现时，必须严格依照宪法和法律的规定行使。新时期人大工作的不断创新和发展，也对监督代表工作提出了新要求。人大工作具有严格的法律性、程序性，监督代表工作也不例外。

我国宪法和选举法对人民代表的监督、审查及罢免等都有着明确的规定：各级人民代表应当和原选举单位与选民保持密切联系；反映人民的意见和要求；县级（不含县）以上的人民代表受原选举单位的监督，县级以下的人民代表受选民的监督；选民和选举单位都有权随时罢免自己选出的代表。罢免代表，由选民直接选出的，须经各级人民代表大会过半数的代表通过，在代表大会闭会期间，须经常委会组成人员的过半数通过；被罢免的代表可以出席上述会议或者书面申诉意见；罢免的决议须报送上一级人民代表大会常委会备案；罢免代表的具体程序，由省、自治区、直辖市人民代表大会常务委员会规定。

加强对人民代表的监督需要从以下几个问题来深入思考：理论上，解决选举单位和选民与人民代表的关系，也就是解决人民代表利益归属的问题，也就是人民代表究竟代表谁的问题，人民代表行使选举、审查、问询等权利时一定要弄清楚为谁说话、对谁负责。这个问题如果不能解决，人民代表的监督就不会得到更好的贯彻，选举单位和选民对人民代表监督的积极性就无法调动。两种选择也就摆在了我们面前：代表是代表所谓的"整体利益"，还是仅代表他的选民或选举他的地方的利益。过去我们主张，代表就是代表全体利益的，这种理论的主观出发点是好的，但实践的后果并不好。其实代表在人代会中只是在发表个人意见，并不代表全体人民的利益，道理很简单，让一个在地方或部门工作的代表来判断全体人民的意志和利益是困难的，他只能就本地区、本部门的情况发表意见。"现在党的工作、群众工作要着重把经常工作建立起来。"因此，如果人民代表不能更好地去代表人民群众的意志，人民代表就很难客观公正地反映代表他的选民和广大人民群众的权益，人民代表所代表的绝不能是一个抽象的人民群众的意志和权益。

人民群众的意志和权益应存在于每一个国家机关和工作人员的意志和权益中，每一个国家机关和工作人员的意志和权益的综合，就能更好反映人民群众的意志和权益。因此，来自每一个国家机关和工作人员要充分、真实地反映本地区人民群众的根本利益和基本要求，通过各种不同意志和权益的调和、交流，必然形成人民群众的意志和权益。选举人民代表就是反映选民和广大人民群众的意志和权益的基础和前提，人民代表的监督归属问题和责任感认同就能得到很好的解决。人民代表能不能更好反映自己所代表的人民群众的根本利益和基本要求，成为衡量人民代表能否更好履行职责的标尺。选举单位和选民，应当也以人民代表能不能更好反映自己所代表的人民群众的根本利益和基本要求作为对人民代表实施监督的标尺。在监督和被监督者的标准都明确的前提下，监督不但容易掌握，而且更方便进行，选举单位和选民对代表监督的积极性在这种监督标尺下也会大大增强。但是，反映自己所代表的人民群众的根本利益和基本要求的理论和实践，在实际运行中还是会存在一些问题，例如当上级指派人民选举的代表到底代表谁的意志，怎么对这些代表进行监督？被指派下去的代表通常与选举单位和选民没有直接性联系，这些代表并不了解选民单位和选民的利益诉求，选举单位和选民也不了解人民代表的实际情况，也就很难进行有效监督，解决问题的关键路径就是是取消上级指派人民代表的做法，我们要对人民代表选举制度进行全面的优化。

建立健全选民对人民代表的监督，要实行人民代表大会的活动公开制度。具体来说：一方面要充分发挥各种网络大数据、新闻媒介的作用，允许记者旁听人民代表大会会议内容并及时采访人民代表。同时，人民代表大会要创办自己的网站、刊物或者报纸，将人民代表大会的各项活动及时公布，刊物、报纸应积极向社会公开发行。另一方面要建立人民代表大会旁听制度。各级人民代表大会要在条件允许的范围内设立旁听席，目前我国已经开始施行，但旁听的对象选择仅仅局限于社团组织并不够，要向人民群众进行开放，根据实际情况公开会议记录或工作简报，即使不能公开报道，也要满足人民群众的正常诉求。

完善选民权利监督的路径主要有：第一，健全监督机构，可以让各级人民代表同时代表纪律监督的权限和职能。这些权限具体来说：自觉接受选民单位和广大人民群众对人民代表的建议、批评、审查和罢免，并将对代表的建议、批评、审查和罢免转告代表本人，涉及控告时要将调查结果及时汇报给本级人民代表大会或常委会以及控告的选民单位或选民；要保证及时与本级人大代表和上一级人大代表的联系，全面了解他们各项活动内容；依法受理和审查经法定程序或者选民单位提出的对代表的建议、批评、审查和罢免，并向人民代表大会或常委会报告相关结果。第二，明确建议、批评、罢免范围。建议、批评、罢免不仅仅局限于个别以权谋私、违法乱纪的代表，还应包括忽视民情、脱离人民群众、不认真履职尽责的代表。第三，拓宽监督渠道。选举单位和选民对代表不仅可以采用建议、批评、罢免的方式，还可以通过别的方式来行使，例如建立召回代表制度，将那些忽视民情、脱离人民群众、不认真履职尽责的代表进行召回；建立代表向选举单位和选民报告工作、听取群众意见的制度；不论职位权责大小，建立人民代表接待选民制度；在法律上充分保障代表从事活动的时间和活动经费，人民代表主要从事联系选举单位和选民的工作，及时向选民报告工作，虚心听取意见，积极联系群众参与调审查监督等。人民代表与选举单位或选民的及时有效沟通有利于选民权利监督；建立健全人民代表法，不管人民代表法何时制定，它的很多任务必须要明确，只有明确这些任务，才能实现选民对人民代表更好地监督：首先，明确具体、完整的人民代表的权利，使人民代表知道自己代表谁，职责是什么，如何更好地履行自己的职责。人民代表的工作权限是选举单位或选民对人民代表进行监督的标准和依据。其次，要明确规定人民代表行使权利的科学程序和具体内容，只有给人民代表创造行使权利的充分条件，选举单位或选民对人民代表的监督才会更加科学。最后，要明确规定对人民代表监督的原则、方案、内容和范围，特别要对各种监督方式、监督程序具体化、明晰化，真正能够在实际中运用。

二、个人监督的含义与对象

个人监督是指公民个人通过建议、批评、控告、检举、申诉等途径对国家机关及工作人员实施的一种监督。我国宪法有着明确的规定：中华人民共和国公民对任何国家机关和国家工作人员有提出批评和建议的权利；对于任何国家机关和国家工作人员的违法失职行为，有向有关国家机关提出申诉、控告或者检举的权利，但是，不得歪曲事实进行陷害诬告。对于公民个人的建议、批评、控告、检举、申诉等，有关国家监督机关必须查清事实，认真处理。任何单位或者个人不得进行打击报复，对于因国家机关及工作人员被侵犯权利而受到伤害损失的人，有权按照法律获取补偿或赔偿。

总的来说，个人监督的对象有两个层面：第一个层面主要指的是作为执政党的中国共产党及其共产党员，国家权力机关、行政机关、司法机关及其工作人员；第二个层面主要是指国家机关及其工作人员的行为、活动及产生的影响。我国是社会主义国家，中华人民共和国公民既是公共权力行使主体的社会化监督的主体又是监督的客体，二者有机统一，表现为包括一切的公共权力行使主体的社会化监督的行为对象。

公民个人在实施监督中的途径主要包括建议、批评、审查、检举、申诉、控告。建议、批评是为帮助国家机关及其工作人员改进工作、避免错误而提出的积极的意见和建议。公民个人对国家机关及其工作人员的建议、批评，是公民个人关心国家事务，关心人民群众切身利益的直接体现，体现了人民当家作主的地位。审查、检举是公民个人针对国家机关及其工作人员贪污腐败、违法犯罪、权力滥用等行为而提出的、改正错误或制止违法犯罪行为的合法性要求。申诉是公民个人向国家机关申诉个人和正当权益被违法犯罪行为侵犯，要求补偿、赔偿被侵犯者的合法权益，并及时追究违法犯罪人员责任的行为。控告是公民个人向国家机关告发、控诉国家机关工作人员、权力滥用、违法犯罪等行为。申诉与控告二者也存在着明显的不同，申诉是要恢复被侵犯者正当性、合法性权益的需求，控告不一样，其在于告发国家机关工作人员的违法犯罪行为，与自身权益并无关联；申诉主要是关于已经做出了的裁决和判定，是已经发生的相关行为，控告则不一样，一般是还没处理的相关违法行为，只有当违法行为在经过初次审理不满意时，就会变成申诉。

公民个人监督的对象充分体现了公民个人监督的范围大小，是有关国家机关及其工作人员一切行为、一切结果的监督。由于国家机关及其工作人员行为和结果大不相同，公民个人监督的范围又涉及到国家机关的各个环节、各个方面，所有这些归纳起来，公民个人监督的对象主要包含以下几个方面：

（一）政治行为

经济基础决定上层建筑，上层建筑反作用于经济基础，政治是经济基础的集中表现，归根到底是经济利益关系的相互作用。政治行为的产生和作用，是经济利益关系的平衡与制约。政治行为是公民个人监督至关重要、不可或缺的重要监督内容。在中国特色社会主义监督体系下，公民个人对政治行为的监督，一方面表现在人民群众对作为执政党的中国共产党及其全体党员的行为的监督。首先，是对中国共产党的路线、方针、政策的科学性、合法性及有没有贯彻全心全意为人民服务的宗旨进行监督；其次，是贯彻党的路线、方针、政策的过程及结果进行监督；最后，是对每个党员干部和共产党员的行为进行监督。公民个人监督有效体现了中国共产党全心全意为人民服务、带领中国人民不断砥砺前行的先锋队作用。如果公民个人监督无法实现，心全意为人民服务宗旨也就无法一以贯之。所以，必须建立起一种约束力强、影响范围广的公民个人监督，可以实现中国共产党及其每个党员都处于公民个人监督之下。公民个人对政治行为监督的另一方面表现为对公共权力机关的政治权力行使的原则、方案、过程和结果的监督，是为了实现人民对政府的监督和控制，保证政府的行为都能符合宪法和法律的规定，让政府更好地为人民负责，避免任何个人意志造成的权力滥用、违法犯罪，让国家机关及其工作人员对公共权力怀有敬畏之心，实现政府高效、服务、廉洁、为民。

要对公共权力机关的权力运行进行有效监督，以下基本条件不可或缺：

第一，公共权力机关要真正代表人民，全心全意为人民服务。我国是社会主义国家，人民是国家的主人。公共权力机关的产生、更替公共权力的范围，都要体现人民当家作主，权力的运行要严格在宪法法律规定范围内进行。人民能群众可以合法、自主地选举、罢免公共权力机关。公共权力机关的权力运行必须按照人民群众的意志来进行，否则，人民就会将公共权力机关罢免。

第二，公共权力机关的行为活动透明化。公共权力机关的行为活动必须透明化，是人民群众对公共权力机关行为进行有效监督的基础和前提。"共产党当政如何当得好，如何能不脱离群众、少犯主观主义错误？这个问题很重要。"这就要求公共权力机关在权力运行的过程中要依法依规进行公开，公共权力机关及其工作人员要严格依法依规办事，不得依据主观意志随意更改，让广大人民群众充分行使自己的权利，这就进一步表明公共权力机关及其工作人员的权力行使过程及其结果必须依法公开，实现公共权力机关及其工作人员依法办事、廉洁办公，人民群众也能及时对任何权力滥用、贪污腐败、违法犯罪的行为进行监督和举报。

第三，全面依法治国必须深入贯彻。社会主义法治是全面依法治国的重要体现，具有最高权威，代表了最广大人民的根本意志。实行公民个人监督，一定要有健全的法律体系，将全面依法治国深入贯彻。同时，任何公共权力机关及其工作人员都必须依法办公，自觉接受法律和人民群众的监督和约束。

（二）经济和社会行为

公民个人对经济和社会行为的监督，体现了公民个人对国家机关及其工作人员进行国家经济、社会事务管理行为、过程及结果的监督。它不仅包括对公共权力机关权力运行及实施的监督，而且包括对经济和社会行为以及对涉及人民群众根本利益和经济社会发展进行的监督检查。

社会在不断向前发展的过程中，各方面条件在一定时期并不成熟，经济和社会行为活动，一般是由公共权力机关支配和运行。因此，公民个人对经济和社会行为的监督，就表现为对公共权力机关权力运行的监督。伴随着社会不断进步，公共权力机关的职能也发生了很大变化。刚开始在社会中呈现出单一性、缺乏自主性的关联者例如企业，随着社会的进步，都会发生着重大的改变，开始朝着独立的、具有自主行为的方向发展。在此基础上，社会中的经济和社会行为，都会对社会状态、社会环境以及外部条件产生影响，进而影响到人民群众的根本利益，影响整个经济社会的科学运行。人民群众在影响下就会积极主动地捍卫自己的切身利益，推动社会生产力的发展，对经济和社会行为的监督充分体现了人民群众维护自身根本利益的内在要求；同时，如果这种经济和社会行为存在违法犯罪行为，保障的是个人的意志，不受人民群众监督和制约时，就会出现阻碍社会进步、损害人民利益、违反法律法规的行为。

社会主义初级阶段，公共权力机关代表广大人民群众管理国家事务、管理经济文化事业、管理社会事务，人民群众不仅要对公共权力机关的经济和社会行为进行监督，还要对社会团体、社会组织进行监督。任何单位、机构或组织只要脱离了人民群众的监督都会走向违法犯罪的深渊，例如在违法犯罪中出现的权力滥用、贪污腐败、公款吃喝、假公济私等，便是因为失去了人民群众对公共权力机关的有效监督，缺乏公共权力行使主体的社会化监督，扰乱了经济社会秩序，阻碍了生产力和社会主义市场经济的发展，损害了人民群众的根本利益。社会主义现阶段，建立科学合法、行之有效的公民个人监督机制，实行有效的公民个人监督制度，具有更加重要的现实意义。

为保障人民群众的建议、批评、审查、申诉、控告、检举等监督权的实现，党和国家建立了一套信访制度和机制，办理人民群众提出的建议、批评、审查、申诉、控告、检举等。信访制度和机制是人民群众实行公共权力行使主体的社会化监督的重要渠道。根据中共中央、国务院发布的《信访工作条例》第一章第三条的规定，信访工作是党的群众工作的重要组成部分，是党和政府了解民情、集中民智、维护民利、凝聚民心的一项重要工作，是各级机关、单位及其领导干部、工作人员接受群众监督、改进工作作风的重要途径。"任何地方、部门、单位，发生了党的领导作用不发挥、贯彻党的路线方针政策走样、管党治党不严不实、选人用人失察、发生严重'四风'和腐败现象、巡视整改不力等问题，就要抓住典型严肃追责。既追究主体责任、监督责任，又上查一级追究领导责任、党组织责任。要完善和规范责任追究工作，建立健全责任追究典型问题通报制度，把问责同其他监督方式结合起来，以问责常态化促进履职到位，促进党的纪律执行到位。"目前，各级立法机关、行政机关、司法机关、人民团体等都建立了专门的信访制度和机制，保证广大人民群众行使监督权。

各级信访机构依据信访制度和机制进行处理时要依据以下原则：

（1）对人民群众提出的建议、批评、审查、申诉、控告、检举等，要依法核实、及时处理，解决方案要及时提供给人民群众进行审查。对人民群众重点揭发的案件，要严格依法处理，公平公开，处理结果也要及时通知人民群众；当人民群众揭发的属于诽谤诬告时，应交由司法机关进行处理。对人民群众提出的建议、批评要认真听取、虚心接受，合理的要积极采纳，对于一些建设性的意见要奖励表扬。

（2）保护人民群众申诉、控告、揭发的权利。严禁对提出申诉、控告、揭发的人民群众进行打击报复。在保护过程中，不能把申诉、控告、揭发材料交给被申诉、控告、揭发的人员，原始资料要直接交付被申诉、控告、揭发者的上一级机关；县级及以下部门就不应再把原始资料往基层转交；对人民群众提供的资料不论是否实名，只要不是诬告诽谤，严禁查找举报人。对申诉、控告、揭发的举报人进行打击报复的，依据宪法法律规定追究其法律责任。对人民群众提出的合理诉求，国家机关不予理睬、不依法办理的，要进行教育批评，情节严重的进行党纪国法的处理。

（3）涉及人民群众合理需求的，应及时、有效进行解决；一些问题棘手难以处理时应合理说明情况，即使人民群众要求高不能满足时，也要做好解释工作。

对人民群众申诉、控告、揭发等的处理方法包括：一是单转，直接交由公共权力机关相关机构处理的信件，按程序转给有关单位或下级部门处理；二是面交，信访机构在调查研究的基础上，当面交给相关机构做出处理意见；三是分转，需要由公共权力机关相关部门分别处理的，处理后分别转给相应部门进行处理；四是函转，遇到重大问题时，专门发函办理，并及时出具处理结果；五是批转，对于突发性重大事件，立即向领导反映，领导及时反馈处理意见，并交付相关部门处理；六是统转，信访机构应由相关部门汇总后，统一转给有关部门进行处理。我国的信访制度是公民个人监督的重要途径，对保障人民群众对国家机关及工作人员行使公共权力、行使主体的社会化监督权有着良好的推动作用。但是，信访工作也需要进一步总结经验教训，以法律形式进一步将公民个人监督法制化、程序化、具体化，以保障人民群众监督权的有效落实，使信访制度和机制在中国特色社会主义监督体系中发挥重要作用。

公民个人举报是人民群众行使监督权的另外一条渠道。举报是人民群众近些年来常用的控告、检举的方式，为加强廉政建设，更好发动人民群众监督公共权力的运行和打击权力腐败行为，国家专门设立了受理人民群众对权力滥用、贪污腐败等违法行为的举报机构，形成了具有中国特色的举报制度。随着不断地完善和发展，公共权力机关设立的机构形式越来越多，包括监察机关、检察机关等都有举报电话、举报信箱等。最高人民检察院还制定了《人民检察院举报工作若干规定》，专项对举报案件的答复、立案、受理、移交、催办、结案、对举报人的奖惩和保护等一系列问题都做出了明确的规定，使举报工作更为程序化、简明化、制度化。公民个人举报作为人民群众监督的重要形式，意义和作用非常明显：一是及时迅速，相关机关接到举报就会立刻做出反应，查明情况，解决问题，答复群众；二是威慑力强，人民群众的举报和监督影响范围广、覆盖面大，公共权力机关及其工作人员的一切行为和结果都在人民群众的监督下；三是方便群众进行举报，一封邮件、一个电话就能及时反映情况，与此同时，这些举报手段也容易被人打击报复。因此，在充分发挥举报这一有效监督方式的同时，一定要做好举报人的防范保护工作。

三、人民群众监督方式的优化

人民群众监督方式的优化总要通过一定的形式才能够顺利实现。在监督实践的过程中，广大人民群众探索、创造出的新的监督方式有很多，主要包括：

（一）个体式监督

公民个体作为独立的存在，要充分依据法律法规运用监督手段来实施监督的途径就是"个体式"监督。社会主义的中国，中华人民共和国每个公民都是具有独立人格的人，拥有独立的政治属性和主体。不管什么时候，人民群众都是以独立的个人身份参与公共权力的监督活动。目前这种形式的监督在我国是一种较为普遍的监督途径，"个体式"监督一方面能够帮助人民群众进行常态化的监督，另一方面也能实现人民群众的积极性、主动性以及主人翁意识都能充分发挥。

（二）团体式监督

个体式监督在监督时能做到及时、高效、直接，但广度、深度、约束力不强。人民群众还可以组成各种团体、组织，从而形成一定目标、利益的社会组织力量，更有效地实施人民群众监督及发挥人民群众监督的作用。单独的个人，力量有限，很难形成规模影响力，这需要个人与个人之间达成共识，相互支持，这种共识和默契的相互作用和影响，使个人和个人之间形成了组织力量，进行公共权力的权力监督和制约。在各种组织中，包括法定的、正式的，例如工会、妇联、消费者权益保护协会等，这些组织都有自己的原则、纲领和组织运行的架构，明确规定了组织的权利和义务；

还包括非法定的、非正式的，例如各种组织联合会、联合体等，这些组织往往会针对具体内容和事项提出自己的观点和看法。

（三）间接式监督

社会主义初级阶段，人民监督在现有条件下行使的往往是非直接性监督，即人民群众不是直接对公共权力机关及其工作人员的行为和结果等进行直接性监督，而是通过人民群众选举人民代表组成相关机构，例如人民代表大会、各级地方政府以及政治协商机构等间接式参与，进行监督和制约。要保证人民群众的监督更有效地进行，必须加快构建民主化、一元主体多元参与的社会，必须坚持全面依法治国，确保人民群众监督能够顺利地进行。除了法治建设、制度建设以外，还应不断增强人民群众的监督意识、权力意识、主体意识、参与意识、法律意识和自觉意识，提高人民群众捍卫自己权利和利益、监督制约的积极性和主动性。因此，形成民主管理下独立的公民个体人格，让每个中华人民共和国公民都能成为真正意义上的监督者，是构成中国特色社会主义监督体系的重要内容和前提基础，必须解放人民群众的思想，提升人民群众参与国家治理的热情，避免盲目跟风、一味服从，树立起真正的主人翁意识和精神。

第二节　舆论监督

舆论是社会性、属于公共意识自觉的观看和看法，伴随着现代社会的不断进步和发展，舆论工作被越来越多的国家重视。不管什么样的国家体制和社会制度，国家机关都非常重视通过舆论工具来表达自己的主张，通过大量人力、物力和财力的投入，引导人们进行相应的社会行为，通过不同的方法和手段获取各种信息；充分使用舆论工具进行宣传、鼓动和引导，具有倾向性、针对性地反映社会公众的看法和意见，从而达到监督公共权力的运行、人们的各种行为、促进整个社会运行的目的。舆论监督不仅是中国特色社会主义监督体系的重要构成，又是公共权力行使主体的社会化监督的一种重要形式。

一、舆论监督的概念、内容和特点

舆论监督是指利用网络大数据、杂志、报纸、刊物、广播、电视等新闻媒介等传播方式，对公共权力机关及工作人员、涉及人民群众根本利益的各项内容、对公共权力机关及其工作人员的权力滥用、贪污腐败、违法犯罪行为，以及一些错误的行为，公开表达社会性意见，引起整个社会的注意，督促公共权力机关及其工作人员对不合理的、不合法的政策、行为、活动等改正，促使公共权力机关及其工作人员对错误的行为和结果及时纠正，对相关违法犯罪者依据法律法规严肃处理。

舆论监督主要包括以下几个方面：

（一）舆论监督的内容

在现代民主社会中，每个人都是舆论监督的参与者。因为现实社会中的任何行为、活动以及行为活动相互作用下产生的事项和结果，都是每个人相互影响、相互制约、相互作用产生的结果，不过，任何社会行为活动都存在于一定的社会现实中，表现为不同的内涵和特点。作为舆论监督的对象，主要有以下几种行为：

1. 党的行为

作为执政党的中国共产党，无论是党的组织运行还是每一个党员的行为和结果，确立的思想路线和原则方向，制定的行动纲领和方针政策，所提出的指导思想和政治主张，作出的决议决策和实施措施都要体现中国共产党全心全意为人民服务的宗旨，符合社会主义核心价值观。如果一些党的组织或党员违背了党的宗旨而出现各种问题时，党就需要运用舆论工具，不断进行审查和修正。中国共产党要敢于接受批评和自我批评，用于揭露工作中暴露出的各种问题和错误，善于用暴露出来的问题和错误教育广大党员干部，及时纠正自己的问题，中国共产党也一定会带领中国人民取得更大的成就；但倘若党不重视自身出现的问题和错误，想方设法掩盖自己的缺点和失误，不接受批评和自我批评，不与人民群众打成一片，就会面临更大的问题和挑战。

2. 国家行为

各级公共权力机关及其工作人员包括立法、行政、司法的全部行为和结果，具体来说：宪法、法律、法规、制度和规章的制定和修改，社会主义市场经济和社会发展战略的规划，各种权力运行中权力的运行和实施都必须符合党的路线、方针和政策，符合人民群众的根本利益诉求，符合中国特色社会主义国家的基本国情和发展趋势。虽然各项法律法规不断在完善，但现实生活中各级公共权力机关及其工作人员的权力滥用、以权谋私、违法犯罪的行为还是时有发生，严重损害了党、国家和人民的根本利益，以上违法犯罪行为都应在舆论监督下进行批评、揭露、监督和制约。

3. 社会团体行为

中国特色的政党制度充分体现了中国共产党和各民主党派是长期共存、互相监督、肝胆相照、荣辱与共。在我国民主政治不断完善的过程中，存在的民主党派和群众性社会组织也是多种多样的，这些党派和组织在经济社会实践中一直发挥着重要的作用，它们的行为、活动和结果也应服从于宪法和法律的规定，有利于社会主义市场经济的健康发展，有利于实现全面建设社会主义现代化国家。所以，各民主党派和社会组织团体的行为和结果，一方面要受到舆论监督的审查和制约，另一方面也要受到法律法规的规范和约束，以保证社会组织行为的有效、合理和合法。

4. 个人行为

社会主义的中国，人民当家作主。人民群众应当具有主人翁精神和责任感，在行使国家权利的过程中所作出的每一个决定，所产生的每一个行为，所得出的每一个结果都应符合宪法和法律规定，都应受到一定的约束。所以，个人作为独立存在的个体，无论是中国共产党党员还是公共权力机关的工作人员，无论是工人、农民、企业家还是知识分子，其产生的行为和结果都必须受到舆论监督和制约。社会主义现阶段，全面依法治国正在进行中，舆论监督在此时便起着至关重要的作用。

（二）舆论监督的主体

从广义的角度来看，人民群众既是舆论监督的对象，又是进行舆论监督的主体。而作为舆论监督主体的人民群众，需要在法律法规的制约下，有组织地、充分体现人民意志地进行舆论监督，舆论监督的形式只要符合法律法规的规定就被允许，包括言论发表自由、按照一定程序阐明自己的观点看法等。目前，我国进行舆论监督的主体，主要是党的各级宣传机构、各级政府的官网、报刊、杂志、各新闻单位、各民主党派和各社会团体组织、企事业单位的联络员、基层组织的新闻报道等方式，这些内容相互交织、相互补充、相互作用，是目前我国舆论监督体系的重要构成。

（三）舆论监督的对象和监督方式

我国是社会主义国家，公共权力机关及其工作人员工作的出发点和归宿都是为了维护人民群众的根本利益。舆论监督作为一项人民性、社会性工作，它的服务的主体就是中华人民共和国公民。作为国家的主人，人民群众有合法、自由表达自己观点、看法和通过对公共权力机关及其工作人员进行监督的权力。舆论监督要本着为人民服务、为人民负责的原则和态度，而不是单纯只是向人民群众提供物质供给，而是要通过监督对公共权力机关权力运行的建议、批评，表达人民群众的观点和看法，为人民群众说话，促使公共权力机关及其工作人员不断改进工作。所以，舆论监督的对象和监督方式，是连接舆论监督主体与客体的纽带和桥梁，是中国特色社会主义舆论监督的核心。

舆论监督的范围和领域十分广泛，它深入到公共权力机关权力运行的各个方面，对涉及社会整体利益、社会公共秩序和人民群众根本利益的行为，都要进行监督和制约，影响也是极为深远。舆论监督作为一种特殊的监督形式，具有以下特点：

1. 群众性

舆论监督无论从监督主体还是监督客体的角度来看，群众性体现得尤为明显。从监督主体的角度来看，是党的各级宣传机构和新闻媒体、网络、舆论机构的新闻、宣传工作者来执行舆论监督的职责，但人民群众也具有舆论监督的权利。我国宪法有着明确的规定，每一个中华人民共和国公民都有言论、出版、集会、结社、游行、示威的自由。为了让人民群众充分行使这种权利和享受这种自由，应当让人们"有更多的机会给我们的报纸写稿，可以写各种各样的问题，尽量多写自己的日常生活、兴趣和工作"，如果不能给人民群众这种自由，舆论监督会失去应有的功能。从监督的客体方面来看，舆论监督是涉及经济生活领域各个层面的，包含着一切社会行为和结果的各环节、各部分和人民群众生活的相关领域。无论是作为执政党的中国共产党还是作为参政党的民主党派，无论是公共权力机关还是行使权力的部门，无论是公务员还是工人、农民，都是舆论监督的对象。在民主政治建设和发展的过程中，舆论力量无比强大，舆论监督是一种监督和制约权力的强有力武器，舆论监督之所以能够有效地发挥作用，根本原因就在于舆论监督有着广泛的群众基础，它与人民群众紧密地联系在一起，是人民群众当家作主、担负主人翁责任、行使主人翁权利的重要渠道。

2. 真实性

舆论监督与其他监督形式有着很大区别的重要一点就是舆论监督重视真实性，在舆论监督实施的过程中，重在反映、审视和揭露每一个群众关心事件的来龙去脉，将真实的内容如实地报道出来，全面、系统地反映和揭露事件的总体情况和具体内容。这是因为"社会生活现象极端复杂，随时都可以找到任何数量例子的材料来证实任何一个论点"。所以，"不是从全部总和，不是从联系中去掌握事实，而是片断的和随便挑出来的，那么事实就只是一种儿戏，或者甚至连儿戏也不如"。当然，在现实生活中，有些舆论监督为了获得社会影响和扩大宣传效果，不惜添油加醋、欲盖弥彰，甚至是隐瞒事实或歪曲事实，这样做舆论监督就会失去真实性，造成负面影响，甚至是违法犯罪行为。

诚然，看到这些问题并不能否认舆论监督的重要价值和作用，要充分发挥舆论监督的特点。在实际工作中，舆论监督要及时汲取经验教训。只有坚持舆论监督的真实性，才能帮助党和国家作出科学、长效、合理的方针政策，更好地引导人民群众去认识和改造世界，才能真正发挥出舆论监督的重大作用。

3. 指导性

作为公共权力行使主体的社会化监督主要形式的舆论监督，它不像国家监督、法律监督等一样，对被监督者具有威慑力、强制力和强迫性。舆论监督不具有威慑力、强制力和强迫性，只具有建议性、指导性。而且这种建议和指导不像上级向下级布置任务式的指导方式，它是一种非强制性的建议指导。具体来说，首先，舆论监督体现在具有及时性特点，对于党的路线、方针、政策在执行中遇到的各种情况和问题，都能及时地报道和揭露出来，可以及时反馈给有关监督机构部门，也能更快捷地公布给人民群众，舆论监督可以更好地指导公共权力的运行；其次，舆论监督体现在对所报道和揭露问题、现象的倾向性，舆论监督能更好地指导人民群众对待社会现实生活中的是非对错；再次，舆论监督体现了较强的宣传性，对原则、目标、政策、方法、法律、途径、结果等，运用各种宣传形式进行报道，指导人民群众按照宣传的原则、目标、方法等去认识问题和思考问题；又次，舆论监督体现了公开化特点，将报道的事件、揭露的问题、表扬的事件、批评的事项，都通过各种形式进行公开报道，能够指导人民群众根据主客观条件去科学认知和判断善恶、美丑、是非、真假等；最后，舆论监督体现了广泛性特点，即对所报道、宣传、批评、揭露和表彰的事件，都通过各种媒介公开向社会报道，形成了强大的社会舆论压力，促使有关机关或者个人约束自身的行为，这种强大的舆论压力，在一定程度上比法律、行政法规等专项监督更具有威慑力。

二、舆论监督的意义和作用

在现代民主政治的发展过程中，舆论监督是一种极为重要的政治监督形式，各种舆论形式以其敏锐、快捷、广泛传播的独特优势作用于公共权力的监督和制约，对公共权力机关及其工作人员实施有效、广泛、及时的监督，舆论监督也成为现代民主政治、民主管理不断发展的重要推动力量。

早年的马克思就十分重视舆论报刊杂志的监督作用。在他早期的许多著作中，如《评普鲁士最近的书报检查令》《第六届莱茵省议会的辩论〈第一篇论文〉》《"莱比锡总汇报"的查封》《摩塞尔记者的辩护》等一系列论文中，尖锐地抨击普鲁士专制政府实行书报检查制度，阐述了舆论报刊杂志实行监督的一系列原则。马克思认为，报刊应该自由坦率地讨论国内外事务，讨论已颁布的法律，批评政府的观点，而不应受任何书报检查制度的限制。因此，他谴责普鲁士专制政府剥夺出版物的批评权利，由于书报检查制度，"报刊不仅被剥夺了对官员进行任何监督的可能性，而且被剥夺了对作为许多个别人的某一阶级而存在的各种制度进行任何监督的可能性"。

中国共产党自建立以来就十分重视舆论监督的重要性，1950年党中央专门做出《关于在报刊上展开批评与自我批评的决定》，号召要"在一切公开的场合，在人民群众中，特别在报纸刊物上展开对于我们工作中一切错误和缺点的批评与自我批评"。中华人民共和国成立以来，舆论监督在反对各种官僚主义的斗争中，在同权力滥用、贪污腐败、违法犯罪行为的斗争中发挥了重要的作用，广大人民群众也通过舆论监督的方式直接监督了公共权力的运行，提高了广大人民群众的主人翁责任感和政治参与度。

随着社会的发展，舆论监督以其各种优势，广泛参与民主政治、民主管理中来，通过更好发挥人民群众的力量和舆论监督的优势，加强对公共权力机关的监督。由于舆论监督的特殊监督方式和特有优势，决定了它在对公共权力机关权力行使的监督有着重要的功能：

（一）舆论监督是维护中国特色社会主义建设的重要工具

现代国家的不断发展，绝不能仅仅依靠国家机关、军队、警察、监狱等手段来维护其政权建设和各项国家制度，还要运用舆论报刊杂志等来宣传和传播有利于巩固、维护其政权建设和各项国家制度的观念，并建立相对应的价值观念，批评、揭露、抨击与其针锋相对的各种意识和观念，维护其政权建设和各项国家制度的目的。只要是出现损害公共利益、妨碍社会秩序的行为，舆论就会加以批评、揭露、抨击，起到制止这种行为的作用，舆论监督所起的作用是任何法律权力、政治权力都不能具备和取代的。因此，社会主义制度下的舆论监督从形式上看，虽然是一种没有强制性、毫无约束力的公共权力行使主体的社会化监督形式，但在实质上舆论监督是上层建筑的重要构成。舆论监督，不但能帮助人民群众增强公平、自愿、平等的民主意识，自觉地参与社会主义现代化建设，使我国社会主义现代化建设的各项制度能够不断建立、健全；而且让人民群众能够分清善恶、发现真理、使用真理，批评各种破坏现代化建设和阻止完善中国特色社会主义制度的行为，不断提高人民群众的政治觉悟、思想觉悟、文化素质和综合涵养。

（二）舆论监督是党的路线方针政策和国家的各项制度得以落地落实的有效方式

党的路线方针政策和国家的各项制度，首先要通过新闻媒介向国家机关、企事业团体、社会各方面组织以及广大人民群众宣传、传播，使之及时知晓和理解；其次对于公共权力执行情况和结果要通过公开方式，科学、及时收集和反馈，便于在面对新形势、新情况和新问题时，及时修正，不断完善法律和法规，而更好行使这些职权的有效手段，就是通过舆论。

（三）舆论监督是沟通信息和密切各个方面的重要纽带

全面建设社会主义现代化国家，需要收集国际国内的各个方面的大量信息，包括网络、新闻在内的各种舆论力量的目标，就是要通过收集、分类、处理和反馈各方面的重要信息，为公共权力机关的有效决策、科学管理和民主监督服务。而舆论监督的重要作用，就是它能够运用舆论这一形式和手段，及时了解政治经济生活各方面的问题、现状和趋势,进而整合各方面的信息,实现相互影响、相互作用、相互支持的目标。社会现实中,一些权力滥用、贪污腐败和违法犯罪的产生,公共权力机关形象受损,部门和部门之间互不支持的问题,很大程度上就在于互相不沟通、不了解,信息不畅导致,也就难以实现相互影响、相互作用、相互支持。舆论监督的重要功能,就是要在充分联系和沟通的基础上,协调社会各个方面的复杂关系,密切国家机关之间、社会团体之间、人民群众之间的关系,形成合力作用,为全面建设社会主义现代化国家起到至关重要的作用。

(四)舆论监督是加强社会管理和实现社会目标的重要途径

舆论监督的力量是十分强大的,它具有潜移默化、无所不在、无孔不入的重要职能,正如同一部非常精密、科学的机器,一旦运转起来,其感染力、影响力和潜力都是巨大的。所以,要实现在社会主义现代化建设中不同时期的各项目标,就要加强舆论监督,将人民群众的参与热情、责任担当、理想信念、奋斗目标统一服务于社会主义现代化建设,实现整个社会都能在有序、统一、科学、高效、控制和领导下,正常进行运转,从而保证公共权力机关对权力运行的有效监督和管理,使全面建设社会主义现代化国家的目标顺利实现。

三、舆论监督的条件、原则和形式

(一)舆论监督的条件

舆论监督要充分发挥作用,必须具备一定的前提和基础。中国特色社会主义监督体系之所以能在社会主义现代化建设过程中发挥重大作用,就在于我国是社会主义国家这一前提条件。处于中国社会主义监督体系中的舆论监督,在社会主义现阶段,其发挥作用的前提条件包括:

1. 政治民主

政治民主的程度越高,舆论监督发挥的作用就会更充分;政治民主程度不高,舆论监督的作用就很难科学发挥,主要因为:首先,政治民主是舆论自由的前提，我们是社会主义国家，舆论自由并不是"绝对自由"，它是有限制的。只有真正实现政治民主，舆论监督才会具备分清善恶、发现真理、使用真理，同批评各种破坏现代化建设和阻止完善中国特色社会主义制度的行为进行斗争的权利；其次，在政治民主的前提之下，人民群众才可以参政议政，人民群众只有亲身参与，才能知晓公共权力机关及其工作人员的行为、活动和结果是否合法、合理，是否维护人民群众的根本利益，运用各种舆论监督手段，对权力滥用、贪污腐败、违法犯罪等行为批评、揭露和制止，同时对一些先进的典型和优秀的事迹进行广泛的报道和宣传。

2. 法律保障

舆论监督是公共权力行使主体的社会化监督的一种，舆论监督要有效发挥作用，科学实现其职能，必须有健全的法律法规制度作保障。否则，舆论监督也不可能发挥应有的作用。首先，舆论监督只有在健全的法律法规制度保障下，才有可能不受个人意志的影响，才能毫无保留地、彻底地对权力滥用、贪污腐败、违法犯罪行为进行批评、揭露和抨击；对于全心全意为人民服务、严格遵守国家法律法规和社会道德的行为，要大力赞扬和表彰。如果没有法律法规制度的保障，舆论监督就会被打击报复，作用就难以发挥。其次，舆论监督必须在法律的监督约束下进行。舆论监督的原则、内容、途径等在不同时期都要有明确的规定，实现舆论监督既实事求是，又真实可靠。二者是相互影响、相互作用的关系。

3. 办事公开

舆论监督的前提条件就是要办事公开、透明度要增强。社会主义制度下，公共权力机关及其工作人员，都是要全心全意为人民服务的。所以，凡涉及人民群众根本利益的原则、规则、方案、行为和结果等，都应当向人民群众公开，使公共权力机关及其工作人员都清楚自己该做什么、不该做什么，应该怎么做，让人民群众明确自己承担的义务和享有的权利。在此基础上，各种网络大数据、新闻媒介等才能进行有效、及时、针对性较强的监督。否则，在信息不透明、不公开的前提下，舆论监督就无法将真实信息进行报道和宣传，舆论监督也就无法发挥作用，也就失去了舆论监督存在的必要性。而人民群众对公共权力机关及其工作人员的行为和结果无法及时掌握和了解，人民群众的利益诉求也就无法反映。

（二）舆论监督的基本原则

在现实生活中，舆论监督发挥的作用好，不但能够教育广大人民群众，推动各方面的工作，而且能够抑制坏的风气和行为。但如果作用发挥不当，不仅起不到该起的作用，还会使人民群众做出错误的选择，甚至伤害人民群众的利益，挫伤人民群众的主人翁意识。所以，舆论监督在具体工作中，应坚持以下基本原则：

1. 实事求是的原则

舆论监督因为影响范围大，涉及面广，在监督时要慎之又慎。一定要在实际工作中坚持实事求是、一切从实际出发的基本原则。第一，监督细节要明确，包括事项起因、过程、结果都要准确、清晰，既不能随意主观修改某些细节，又不能主观臆想、任意推断事项的起因、过程、结果，更不能凭空捏造、移花接木；第二，对事项造成问题的缘由，要客观公正地看待和分析，认真地进行调查取证，分析判断要实事求是，不允许带有私人想法和观点；第三，对监督的事实要核对细致，既不盲目夸大，又不随意变更，更不能信口雌黄、指鹿为马。

2. 适时适宜的原则

舆论监督依靠网络大数据、新闻媒介等工具，对不良行为给予批评，对好的典型给予表彰，从而达到舆论监督的目的。批评或表彰，无论哪种方式影响都很大，必须选择适当内容和适当时机，以人民群众密切关心和迫切需要解决的问题为着力点，使舆论监督具有较强的时效性和针对性。倘若内容不加控制，不分时机、场合，围绕一个问题大肆渲染，不但起不到应有的作用，而且还会陷入不利的境遇。

3. 从维护人民群众根本利益出发的原则

舆论监督的主要形式和手段，是为了公开真相，作出事实上的公正评价，并严肃批评。在具体操作时，舆论监督要始终坚持维护人民群众根本利益的角度出发的原则。特别是在舆论批评中，既不能断章取义、无故上纲、扣帽子、无中生有，又不能颠倒是非、小题大做、借题发挥混淆黑白，而要像《中共中央关于在报纸刊物上展开批评和自我批评的决定》所指出的那样，要以促进和巩固国家建设事业为目的，有原则性有建设性地、与人为善地批评。

（三）舆论监督的基本形式

目前，舆论监督的基本形式主要有：

1. 网络监督

网络监督是指人民群众通过网络大数据对公共权力机关及其工作人员的监督，其本质是公共权力行使主体的社会化监督的一种方式。由于网络监督所呈现出的主体广泛、快捷迅速、载体手段的灵活性、交互性和多样性等特征，网络监督的广度、深度、效度已经远远超出了传统意义上的舆论监督，网络监督正在成为推动一个国家政治、经济、社会、文化、生态文明建设不断进步的不可忽视的力量，发挥着独特的作用和难以替代的功能。

网络大数据的平等性、交互性、开放性、快速性等特点为传统的监督机制变革带来了新的机遇。但同时也使之面临由单维度监督向多维度监督转变，由封闭监督向透明监督转变，由单一监督主体向多元监督主体转变等诸多挑战。网络正在成为一种最高效、快捷而又廉价的舆论监督工具，成为畅达民意、维护权益、鞭挞腐败便捷而有效的手段，在对公共权力机关及其工作人员的舆论监督中发挥着重要作用。

2. 新闻监督

它是舆论监督的最主要形式，它通过实时的传播方式来进行，直观、及时反映人民群众对公共权力机关及其工作人员的建议、意见，对社会舆论产生了广泛的影响力和号召力，是舆论监督中最及时、最有效的一种监督方式。新闻监督的内容有：

（1）报道权。新闻监督在实施过程中要积极深入国家公共权力行使、社会生活的各个层面，科学、及时报道各种权力运行、经济社会生活等问题，建议、揭露、批评公共权力机关制定政策、权力执行等方面的问题和公共权力机关及其工作人员权力滥用、贪污腐败、违法犯罪等行为，给予强大的舆论压力，督促其及时发现问题、解决问题或引起相关部门重视并依法追究责任。

（2）知情权。公共权力机关及其工作人员有义务向新闻媒介提供行为、活动、结果的相关信息，例如，通过举行新闻发布会、记者招待会等，让新闻工作者对国家大政方针、重大决策会议进行采访、报道，通过一系列知情权方式提高公共权力活动的公开化、透明度，积极动员舆论达到新闻监督的目的。

（3）密切关注人民群众来信。网络、报刊、电台、电视等可以根据人民群众意愿将来信予以真实公开公布，以充分反映人民群众的利益诉求、百姓呼声，及时传达人民群众的建议、批评等。新闻监督的基本途径就是通过建议、批评、揭露、谴责等。以建议、批评、揭露、谴责的方式来进行，会造成强大的舆论压力，引起社会重视，促使公共权力机关及其工作人员去发现问题、解决问题。新闻监督产生的监督效果，有时是国家监督、法律监督等其他监督手段所达不到的。

3. 民意测验

民意测验是通过一定的调查途径和方法，了解人民群众对重大事项问题和人民群众密切关心问题的看法和观点。民意测验刚开始主要用于新闻媒介积极反映人民大众的舆论导向和意愿，后来一些机构组织依此专门进行了民意调查的研究和实践，一直到现在国家机关也专门成立了民意调查机构。民意测验使用范围非常广泛，例如西方国家在进行选举前通常就会进行民意测验，对国家大政方针、法律法规和权力运行的行为和结果的测验，对国家机关信任的测验等。由此看出，民意测验功能主要是作为公共权力机关决策进行参考，并起着监督的作用。如对公共权力机关权力运行的信任测验，对政策法律和措施实施效果的测验，对某个机构、组织、政党、社会组织行为和结果的测验等，都具有很强的监督效用。民意测验的监督，主要通过对测验结果的公布，对某项政策、某个事项产生强大的舆论压力和社会导向，规范社会行为，从而对被测验机构、组织或者个人产生强大的舆论压力，达到舆论监督的效果。除此之外，还有很多其他形式，如电台的群众呼吁、报刊杂志对某一问题的研讨阐发等，都具有一定的舆论监督作用。

（四）舆论监督的主要功能

舆论监督作为一种非法律强制性的公共权力行使主体的社会化监督，所具有的职责和功能是十分广泛的。从舆论监督的主体和客体可以看出，它不仅要对公共权力机关权力运行过程及其每项社会行为进行审查、监督、分析和监测，而且要对经济、政治、社会生活各方面和各环节进行督导、审视、协调和促进。由于生产力发展水平和科学技术进步程度的不同，在不同的社会历史时期，舆论监督的形式和手段也不一样。例如，在科学技术比较落后的时期，舆论监督的表达方式只能是肢体、语言、眼神和手势的交流，伴随着生产力水平的不断提高，才逐步发展到新闻、报刊、杂志、著述、出版等。在生产力发展较高的今天，科学技术成果已得到普遍推广和应用，舆论监督的途径和方式也愈来愈现代化。例如网络大数据、通信卫星的广泛应用，不仅使舆论监督的时效性大为增强，而且使舆论监督的效率大为提高，从而大大提高了舆论监督的力度和效度。社会主义的现阶段，舆论监督的形式，从传播方式来看，主要包括网络、电视、报刊、杂志、电影、电视、通讯、著述、会议记录和会议概要等；从监督的具体途径来看，主要包括问询建议、公开批评、公开讨论、新闻报道、内部通报、专栏专论、纪实报道等。舆论监督与其他监督方式有所不同，舆论监督的对象、特点、方式和作用都有其自身的特点，舆论监督发挥作用的方式与其他监督方式也不一样。舆论监督的主要作用包括：

1. 宣传

舆论监督绝不是单纯的建议、批评、揭露现实中的问题，主要是进行弘扬正能量、法治宣传、做法推广、经验交流等责任。社会主义舆论监督的根本目的，是发现问题、解决问题，推动制度不断建立健全。舆论监督就是要使用宣传的方式通过网络大数据、新闻媒介和各种宣传工具，创新方式、方法、手段、业态、体制、体裁、形式、理念、内容、制度，增强真实性、实效性、即时性和针对性。要适应大众化、多元化、差异化传播渠道，加快构建舆论导向型新格局。要推动新时代媒体媒介创新融合发展，主动借助网络大数据、新媒体等各种传播介质。要及时报道、真实宣传、讲究策略、科学谋划、有效引导，从宣传的广度、深度、效度、力度等全面深入开展，向广大人民群众进行广泛宣传，进一步健全完善党的路线方针政策和公共权力机关的运行机制，从而使人民群众学法、守法、知法、用法，使公共权力机关及其工作人员执法、护法，使经济、政治、社会生活的各个方面都能严格按照党的路线方针政策和法律法规来制约自己的行为和结果。

2. 诱导

舆论监督是通过信息的采集、整理、分析、传递和反馈，对公共权力机关及其工作人员的行为及其全部结果进行的审查监督。第一，舆论监督要对有利于人们行为符合法律规范，有利于社会生产力发展和社会道德提高，有利于社会正常运转的代表人物、典型事例进行及时的跟踪报道，一方面引导经济、政治、社会生活的各个方面都能严于律己，监督约束自己的行为，另一方面对经济、政治、社会生活进行引领示范，提供舆论监督的运行标准。第二，舆论监督通过对党的路线方针政策和公共权力机关的运行机制等的解释、报道、宣传、阐发和及时反馈，引导人民群众学会思考、善于分析、科学进行各项监督活动，使人民群众知晓在舆论监督中可以做什么，应该做什么，不应该做什么，怎么做，将权力监督制约与个人的活动和行为结合起来，严格按照法律法规的规定，充分调动人民群众进行舆论监督的积极性、主动性和创造性。还可以更好引导人民群众深入思考更深刻的问题，正确看待某些社会现象或活动，从而制止违法犯罪行为的发生。第三，舆论监督要敢于对违法犯罪的行为、不能维护人民群众根本利益的事件、不道德的现象、污染社会的腐朽思想进行审查、批评和揭露，帮助人民群众提高警惕，采取有效措施，发现问题，解决问题，做到让人民群众明确是非判断和价值尺度，以便更好发挥舆论监督的作用。

3. 维护

舆论监督作为中国特色社会主义监督体系的重要构成，与其他监督形式都有着一致的目的，就是维护最广大人民的根本利益，维护社会主义的公共秩序、保障人民群众的切身利益不受侵害。在公共权力行使主体的社会化监督实践中，既要对公共权力运行中各种权力滥用、贪污腐败行为和违背社会主义道德的行为和结果进行批评、抨击和揭露，又要对公共权力机关及其工作人员的以权谋私、权钱交易、贪污腐败现象和不奉公执法、不廉洁从政的行为进行批评、揭露。这些违法犯罪和不道德的社会行为，是违背人民群众意愿、损害人民群众根本利益的。通过舆论监督，将这些行为进行公开抨击、揭露，不仅能够维护人民群众的根本利益，而且能够激起和增强广大人民群众的监督意识、主人翁意识和积极性，进一步维护和保障人民群众的各项权益。

4. 协调

我国是社会主义社会，人民当家作主，在根本利益一致的基础上，社会各组织、阶层、各环节、各方面，部门和部门之间、个人和个人之间，在权力运行和施行、个人利益和社会利益之间都有可能存在着一些问题和矛盾，这些问题和矛盾如果不能妥善地解决，社会各个方面就不能很好地团结在一起，也就很难推动经济、政治、社会生活更好地向前发展。舆论监督的职能，就是将经济、政治、社会生活各个方面的问题、要求、冲突报道、揭露出来，运用其独特的优势，使违法犯罪行为或不道德行为结果受到整个社会的批评、谴责，在舆论监督的强大压力下自觉地制止违法犯罪行为或者不道德行为，服从于整体利益和全局利益，也可以为公共权力机关及其工作人员提供准确的信息，督促其采取有效的法律、经济、行政等手段，将各个方面科学地调动起来。

5. 表扬

从更广的角度来看，舆论监督可以正面宣传、报道、表扬典型人物、典型案例以及好人好事。舆论监督中的表扬，就是运用各种舆论工具，对有着重大贡献、事迹突出、遵守法纪、贡献较大的组织、机构或个人，给予表扬和奖励，为整个社会树立学习范例和先进代表，使公共权力机关及其工作人员、企事业单位、组织机构和人民群众都能学到精髓和接受教育，更好地服务于社会主义现代化建设。

6. 揭露

公开化是舆论监督的一个很明显特点，即将事项缘由公开报道。这种公开报道可以将各种违法犯罪行为和不道德现象及时、有效揭露出来，使之受到整个社会的谴责、批评和监督，形成具有强大威慑的舆论监督，这也就是我们通常所说的，有些违法犯罪的官员不怕党纪国法，就怕登报。舆论监督运用揭露、抨击、谴责等手段，对各种腐败阴暗现象的揭露，不但不会使人们失去勇气和信心，更容易激发广大人民群众维护自身利益的积极性。实践证明，对各种违法犯罪行为和不道德现象及时、有效揭露，不仅表明我们敢于正视违法犯罪行为和现实存在的问题，有毅力去解决问题，人民群众也会增强信心，而且还有利于各种问题的及时解决。

四、舆论监督的系统及其完善

（一）舆论监督的体系构成

社会主义现阶段，舆论监督的内涵丰富，体系建构也比较完整。在整个社会范围内，基本上形成了一以贯之、形式多样、纵横交错的舆论监督体系。除了人民群众正常生活中的街头随议、饭余闲谈外，从实施舆论监督的参与者来看，主要包括以下几个方面：

1. 党的宣传系统

党为了全面了解社会生活各方面的信息，贯彻自己的路线方针政策，宣传科学的理论，增强党务工作的透明度，公开办事的规则方案，党的基层组织都配备了得力的宣传人员，建立了强有力的宣传机构，组建了强大的理论宣传队伍。对党的路线、方针、政策进行公开、科学宣传，对党的路线方针政策的执行情况，党的基层组织和党员的行为结果，都进行公开报道，使之处于人民群众的普遍监督之下。同时，党的宣传系统也要常态化，对新闻、网络部门进行审查、监督，保证政治方向、政治原则的正确性，适当的督促，科学的指导，尤为重要。

2. 政府的舆论监督机构

为了加强对新闻、网络等舆论的监督和管理，国家专门设立了网络、广播电影电视、新闻出版、文化教育等监督管理部门，这些机构也构成了强大的舆论监督体系。一方面组织广大人民群众运用各种舆论监督的手段和工具，对公共权力机关及其工作人员的各种行为和结果进行管理和约束；另一方面又代表公共权力机关对各种新闻、报道、宣传、交流等内容进行监督、管理和制约。

3. 非官方组织

随着人民群众参与意识、主体意识、主人翁意识的不断增强，各种非官方的、自发的舆论监督机构和组织也相继出现，如义务宣传员、舆论监督员，通讯报道组以及各种协会、学会、研究会等，它们都履行着舆论监督的权力，承担着舆论监督的义务。

（二）舆论监督的完善

舆论监督的完善，是健全中国特色社会主义监督体系的重要课题。要有效地发挥舆论在公共权力运行中的监督作用，需要在舆论监督的各个方面进行改革和完善：

第一，保持舆论监督在法律上的独立地位。除党和国家机关的网络、报纸、杂志等直接由党和国家机关管理外，其他民主党派、社会团体和社会组织的网络、报纸、杂志应在遵守法律法规的前提下独立去办。党和国家对新闻舆论机构的领导和管理，主要是通过专门部门发布路线政策方针，在党的全面领导下对新闻舆论机构实行考核监督。

第二，确立网络、报纸、杂志要全心全意为人民服务的思想。我国是社会主义国家，人民是国家的主人，网络、报纸、杂志等媒介不仅是为了更好地去宣传、引导、执行党的路线方针政策，更是为实现人民群众当家作主的本质要求提供一个更广阔的平台和媒介，成为人民群众同权力滥用、以权谋私、贪污腐败、违法犯罪等行为进行斗争的主阵地，将党的路线方针政策与广大人民群众紧密地结合在一起，充分调动人民群众的积极性、主动性、创造性，进而维护最广大人民的根本利益。

第三，舆论监督必须要和人民代表大会监督、法律监督、行政监督、检查监督等其他监督形式，特别是要和法律监督更好地结合起来。舆论监督必须以人民代表大会监督、法律监督、行政监督、检察监督为后盾，才能更好地发挥作用。在同权力滥用、贪污腐败、违法犯罪行为进行斗争的过程中，新闻舆论监督仅仅靠自己的批评、报道是完全不够的，必须要得到国家权力机关、行政机关和司法机关的支持。网络、报纸、杂志要以准确、及时、迅速的传播方式，以准确真实的调查取证，为国家权力机关、行政机关和司法机关提供佐证；网络、报纸、杂志又通过相关机关的处理，扩大其传播力和影响力，提高舆论监督效果和作用。

第四，还需要用法律法规的形式确立网络、报纸、杂志等舆论工具的监督地位，使舆论监督的确立和实施成为具体的法律制度。要尽快制定通过网络、报纸、杂志等舆论工具进行监督的法律法规，对网络、报纸、杂志等舆论监督工具中涉及的监督路径、监督方法、监督原则和标准等法律问题进行科学的界定，形成舆论监督与打击违法犯罪部门之间相互分工、密切协作的有效监督机制，更好地发挥舆论监督在公共权力行使主体的社会化监督中的重要作用，保障舆论监督健康有序发展。

第三节 社团组织监督

一、社团组织监督的概念和意义

社团组织是为某种共同交往或共同利益按一定的原则和目标，依照法律法规规定登记、批准成立的社会团体组织。社团组织主要由人民团体和群众自治组织以及各种专业、行业性群众组织构成。在我国，人民团体主要包括共产主义青年团、妇女联合会、工会等；群众性组织有农村村民委员会、城市居民委员会、职工代表大会等；各种专业、行业性群众组织有记者协会、律师协会、法学研究会、学生联合会、消费者权益保护协会、劳动者协会等。各种社团组织都与人民群众紧密地联系在一起，在一定程度上代表和反映它们的利益和要求，所以，社团组织能对公共权力机关的权力运行、法律法规的制定和执行发挥有效的监督作用。

社团组织监督，就是人民团体和群众自治组织以及各种专业、行业性群众组织为维护其自身的合法权益，对国家制定法律和政策，对公共权力机关及其工作人员执行法律和政策的情况，以及对他们违法犯罪、侵犯人民群众根本利益的行为，提出问询、批评、建议，甚至谴责的行为，正确定位政治社团的监督功能，与时俱进地更新政治社团监督观念，是加强和健全我国政治社团监督的思想基础。

社团组织的监督在完善中国特色社会主义监督体系中具有十分重要的作用。人民群众通过自愿参与组成各种形式的组织来维护自己的合法权益，是人民当家作主主人翁地位的集中体现，体现了社会主义民主的深刻性和广泛性。社团组织在与公共权力机关的协商交流过程中参与国家事务的管理和行使监督权利，有利于克服、纠正和制止公共权力机关及其工作人员在执行路线、方针、政策过程中出现的失职、错误以及违法犯罪的行为，进而解决各种社会危机和矛盾，激发广大人民群众积极参与国家事务、进行权力监督制约的积极性和主动性。

社团组织监督发挥其作用主要体现在两个方面：一方面在国家路线、方针、政策的制定和执行过程中应积极参与、有效监督，敢于与公共权力机关及其工作人员权力滥用、贪污腐败、违法犯罪等行为进行斗争；另一方面通过社团组织、企事业单位等途径参与民主管理和监督。各种社团组织的监督原则、内容和方式在具体监督过程中各有不同。

二、社团组织监督的依据

在民主政治建设的过程中，党和国家十分重视和强调社团组织的监督功能，并制定了一系列的法律法规，使社团组织监督以法律的形式确立起来。

《中华人民共和国工会法》第五条规定："工会组织和教育职工依照宪法和法律的规律行使民主权利，发挥国家主人翁的作用，通过各种途径和形式，参与管理国家事务、管理经济和文化事业、管理社会事务；协助人民政府开展工作，维护工人阶级领导的、以工农联盟为基础的人民民主专政的社会主义国家政权。"第六条规定："工会依照法律规定通过职工代表大会或者其他形式，组织职工参与本单位的民主选举、民主协商、民主决策、民主管理和民主监督。"

《中华人民共和国未成年人保护法》对社团组织的监督有明确的规定。该法第十条规定："共产主义青年团、妇女联合会、工会、青年联合会、学生联合会、少年先锋队及其他有关的社会团体，协助各级人民政府做好未成年人保护工作，维护未成年人的合法权益。"

《中华人民共和国妇女权益保障法》也同样对于一些社团组织的监督作出规定。第七条规定："中华全国妇女联合会和地方各级妇女联合会依照法律和中华全国妇女联合会章程，代表和维护各族各界妇女的利益，做好维护妇女权益的工作。工会、共产主义青年团，应当在各自的工作范围内，做好维护妇女权益的工作。"第十四条规定："对于有关保障妇女权益的批评或者合理建议，有关部门应当听取和采纳；对于有关侵害妇女权益的申诉、控告和检举，有关部门必须查清事实，负责处理，任何组织或者个人不得压制或者打击报复。"

由此可见，社团组织监督有着明确的法律依据，正是这些法律依据为社团组织进行监督提供了有力的法治保障。随着我国民主建设和法治健全的不断推进，公共权力行使主体的社会化监督朝着制度化和法制化进一步发展，社团组织的监督作用将会更加显著和有效。

三、社团组织监督的内容和方式的升级

社团组织的内容众多，形式多样，在监督的实施过程中要实现社团组织监督方式的优化升级。就工会这一组织来看，全国总工会对公共权力机关行使宪法规定的工人在经济政治生活方面的权利享有广泛监督权，包括对制定或行使社会福利、保障制度、工资制度、工人的劳动权和休息权的具体制度等方面行使监督权。若发现有违反法律或侵犯工人权益行为，可以要求有关部门立即进行处理，或向全国人大或政府反映，要求撤销、纠正或制止违法行为；或公开通报有关机关要求纠正；还可以向社会公开揭露、给予批评和谴责等。《中华人民共和国工会法》第十八条规定："公司职工依照《中华人民共和国工会法》组织工会，开展工会活动，维护职工合法权益。公司应当为本公司工会提供必要的活动条件。公司工会代表职工就职工的劳动报酬、工作时间、福利、保险和劳动安全卫生等事项依法与公司签订集体合同。公司依照宪法和有关法律的规定，通过职工代表大会或者其他形式，实行民主管理。"企业的重大决策方案、生产经营方针等行为和活动，工会有权进行监督。工会要成为工人与企业负责人平等交流、公平对话和监督管理的途径。工会可以随时向企业法人代表反映工人的要求和意见，对企业管理中出现的问题提出批评和建议，以督促相关人员更好地进行工作。

各级妇联组织在法律规定的男女平等，保护婚姻自由，保护妇女、老人、儿童权益等方面享有广泛的监督权。妇联组织可以就国家制定的法律提出建议；可以通过舆论监督向社会呼吁，对公共权力机关及其工作人员

违反法律法规的行为进行批评、谴责；可以对违背宪法、行政法规、命令、措施等行为，向有关机关进行反映，要求撤销、改变或修正。

共青团、学生联合会、青年联合会等青年组织，应在反映新时代青年、学生的意见和建议、保护青年和学生权利等方面，积极与公共权力机关进行交流沟通。青年、学生可以向公共权力机关反映他们对国家路线、方针、政策执行情况的看法和建议。

村民委员会、居民委员会和职工代表大会是基层群众自治组织，它是我国基层社会组织直接民主的重要方式。各级政府与村民委员会和居民委员会之间不是领导关系而是指导合作关系。现实生活中，由于公共权力机关在执行法律和政策时要通过基层权力的行使来落实到基层自治组织，基层群众自治组织可以对基层机关是否严格依照法律法规办事进行监督。《中华人民共和国村民委员会组织法》第二条规定："村民委员会是村民自我管理、自我教育、自我服务的基层群众性自治组织，实行民主选举、民主决策、民主管理、民主监督。村民委员会办理本村的公共事务和公益事业，调解民间纠纷，协助维护社会治安，向人民政府反映村民的意见、要求和提出建议。"第五条也规定："乡、民族乡、镇的人民政府对村民委员会的工作给予指导、支持和帮助，但是不得干预依法属于村民自治范围内的事项。"

职工代表大会是企业工人进行民主管理的主要形式，它对监督企业经营方向、维护职工合法权益、保障职工进行民主管理等行为有着重要的作用。《中华人民共和国工会法》第三十六条规定："国有企业职工代表大会是企业实行民主管理的基本形式，是职工行使民主管理权力的机构，依照法律规定行使职权。国有企业的工会委员会是职工代表大会的工作机构，负责职工代表大会的日常工作，检查、督促职工代表大会决议的执行。"具体监督内容有：

第一，审议建议权。对企业生产经营方面的重大问题进行审议，听取和审议厂长关于企业的经营方针、长远规划、年度计划、基建方案、重大技术改造方案、职工培训计划等报告，并提出意见和建议。

第二，审查同意权。对企业的工资调整方案、奖金分配方案、劳动保护措施、奖惩办法以及其他重要规章制度，行使同意或否决权。

第三，审查决定权。对职工福利基金使用方案和其他有关职工生活福利的重大事项，行使决定权。

各专业性的社团组织，可以就各自所代表的利益，向公共权力机关及其工作人员提出问询、建议、批评，对权力滥用、贪污腐败等违法行为进行举报、揭露，并要求相关机关进行处理。例如消费者权益保护协会，可以就侵犯消费者利益的公共权力机关、企事业单位和个人，向有关部门反映，或通过舆论监督进行报道、批评、抨击、谴责；律师协会可以就国家司法机关人员在律师工作过程中侵犯其权利的行为和结果，及时向有关部门反映、揭露，并要求其进行纠正。

充分发挥我国社团组织的监督作用，是健全中国特色社会主义监督体系的重要内容。应该在民主建设、全面深化改革的过程中优化社团组织的监督内容和监督方式，使社团组织能全力支持和优化公共权力机关的相关工作。社团组织本身也应适应时代潮流，积极主动求变，使社团组织真正成为代表人民群众根本利益、密切联系群众的组织。社团组织在进行变革的过程中要不断增强社团组织的群众性、民主性、广泛性；"着力推动《政治社团监督法》的立法工作，维护宪法所赋予人民的结社自由权，调整政治社团监督中的法律关系，为政治社团监督提供行为规范，保证政治社团监督的制度化、规范化和程序化"。在民主建设过程中，要加强社团组织的全方位建设，提升社团组织在中国特色社会主义监督体系中的地位和作用，把社团组织监督交给人民群众，使社团组织监督能够为最广大人民群众的根本利益发声。社团组织内部也需要由人民群众选举能真正代表人民群众根本利益的人员进行监督，使社团组织监督既能成为密切联系群众、深入代表人民群众根本利益，又能成为连接党和国家机关的纽带和桥梁。

第四节 政协监督

中国人民政治协商会议是在中国特殊的历史背景下形成的，是中国共产党领导下的多党合作、政治协商的民主形式，它的产生和发展体现了中国革命、建设和改革过程中的民主建设之路，它体现了我国民主政治生活中所形成的优良传统和中国国情。这一民主方式凸显了政协在国家经济政治社会生活中所担负的重要责任，在推进我国民主政治建设，完善中国特色社会主义监督体系进程中具有十分重要的意义。

一、政协监督的概念和意义

政协监督，指的是各民主党派、无党派人士和社会各界人士在内的组织形式，就宪法和法律的制定和实施、国家重大方针政策、重要人事安排和与人民群众切身利益相关的事项，对公共权力机关及其工作人员提出问询、建议、批评和意见，以帮助公共权力机关及其工作人员更好地行使权力，纠正偏差和改正错误。政协监督是中国共产党在长期革命斗争过程中，各民主党派、无党派人士和社会各界人士同中国共产党长期合作形成的优良传统。中华人民共和国成立初期，政协曾直接承担建设我国民主政权的任务，代行国家权力机关的职权。1954年人民代表大会制度正式建立后，政协主要担负政治协商、民主监督、参政议政的职能。

当前，在全面建设社会主义现代化国家的新时期，政协监督对于推动我国民主政治建设意义重大。政协可以广泛吸收人民群众和社会各界人士参加国家和社会事务的管理，通过与公共权力机关协商国家路线方针政策以及与人民群众切身利益相关的重大事项，并进行监督，这有利于实现政协监督的科学化和民主化，也有利于帮助广大人民群众及时了解和拥护国家的路线方针政策。全面助力民主党派履行政治协商、民主监督、参政议政等职能，重视民主党派和无党派人士提出的意见、批评、建议等。政协监督应与公共权力机关进行宽领域、多方面、深层次的沟通和交流，不断健全和完善国家的路线方针政策，协调好各方的利益关系，进一步完善中国特色社会主义监督体系。

二、政协监督的特点

政协监督与其他监督形式有所不同，其特点有：

第一，政协监督具有权威性。从政协监督的构成来看，包含社会各个领域的专家学者和权威人士，整体素质好，知识水平高，例如教授和副教授、研究员和副研究员、总工程师等，这些人员在政协监督中占有较大比例，他们民主监督、参政议政能力强，针对问题提出一些具有建设性的看法和观点，这些看法和观点往往能产生较大社会辐射力和影响力，党和国家也历来重视政协提出的各种意见和建议。所以，政协监督相比人民群众监督和其他社团组织监督更具有权威性。

第二，政协监督具有国家性质。政协严格来说是社会组织，并不是国家权力机关。但政协监督是具有国家性质的监督形式。例如：政协可以就国家某些重大决策提出意见做出决议；可以像人民代表大会代表一样组织监督检查；可以参加每次人民代表大会、国家预算决算、经济社会发展规划、政府工作报告以及其他重要事项的研讨；还可以对公共权力机关的相关工作提出问询、建议并有权得到答复等。政协监督具有国家性质，是因为政协是由中华人民共和国成立时具有国家权力机关性质的民主形式转化而来，人民代表大会正式成立之前它代行国家权力机关的相关职能。因此，政协的监督形式就具有了国家监督的性质。我们必须清醒看到，政协监督实际上并不是国家性质的监督，政协监督与公共权力机关的监督有着本质区别，区别在于政协监督不具有法律上的强制力和约束力，其主要形式是协商、问询、建议、批评。

第三，政协监督具有广泛的民主性。政协构成广泛，包括各民主党派、无党派人士、各人民团体、少数民族以及所有社会主义劳动者、拥护社会主义和拥护祖国统一的爱国者，也包括台湾同胞、港澳同胞和海外侨胞等，他们都代表各自的利益。政协监督是覆盖面很广的民主监督形式，在民主政治建设过程中成为协调各方的桥梁和纽带，它广泛地反映了不同阶层的利益和观点，通过政协监督能进一步联络与广大人民群众的感情，做好相互理解和相互包容，彼此的意见都能进行最广泛的交流，所以政协监督具有广泛的民主性。

政协监督是一种有组织、有计划的公共权力行使主体的社会化监督。它不同于具有法律强制力和法定约束力并产生法律效果的国家机关监督，但也不同于人民群众监督和社团组织的监督，人民群众监督和社团组织的监督缺少有效的组织。政协监督是有目的、有组织的，具有一定的监督程序和监督方式，能反映广泛意见的公共权力行使主体的社会化监督，其发挥监督作用的力量来自于广泛的群众基础和优良的革命历史传统，在我国民主政治建设过程中具有重要作用。

三、政协监督的内容与方法的改进

政协章程中规定，人民政协根据中国共产党同各民主党派、无党派人士"长期共存、互相监督、肝胆相照、荣辱与共"的方针，对国家大政方针和关系群众生活的重大问题进行协商，并通过建议和批评，发挥民主监督作用。这表明政协的主要作用就是政治协商、民主监督。政治协商，是指对中国共产党及各民主党派、无党派人士和社会各界人士提出的有关政治经济生活中的重大方针政策进行民主协商；对国家权力机关通过的重要决策和决定进行协商；对公共权力机关和政协本身的重要人事安排进行协商；对涉及人民群众根本利益的重要事项进行协商等。政治协商与民主监督紧密联系，又不完全相同，协商在前，监督在后，是政协积极参与国家各项事务的活动方式。但政治协商又具有监督的性质。政治协商的主要监督对象，是中国共产党和公共权力机关，而不能把政府和其他国家执行机关视为政治协商的对象。在我国的政治生活中，国家的重大方针政策是由党中央和全国人民代表大会及其常务委员会依据宪法、法律规定作出的。政治协过程中，政协主要是与中国共产党和人民代表大会进行协商，而不是同国家行政机关、司法机关进行协商，国家行政机关、司法机关不是协商的对象，而是政协监督的对象。所以政协监督的对象不仅包括中国共产党、人民代表大会，还有国家行政机关、司法机关等。

政协监督的内容主要包括以下几项：

（1）监督公共权力机关对宪法、法律法规的实施情况。政协监督宪法、法律法规的实施，主要通过协商、问询、审查、督促等发现公共权力机关执法过程中存在的各种问题并提出改进建议，也可以对法律法规的制定实施提出意见。

（2）监督中国共产党和公共权力机关重要方针政策的执行情况。中华人民共和国成立后，事关中国共产党和公共权力机关制定的重大方针政策，事关与人民群众切身利益紧密相关的重大事项，党和国家都会充分发扬民主精神，通过政协，与各民主党派、无党派人士和社会各界人士进行有效协商，使决策更加科学、有效。与此同时，政协还可以对党和国家方针政策的贯彻执行，进行问询、检查、视察和监督，及时发现执行过程中的问题，提出改进意见和看法。

（3）监督公共权力机关权力行使过程中关系人民群众切身利益的问题。政协能经常对公共权力机关及其工作人员履职能力，避免权力滥用、贪污腐败、违法犯罪等进行监督。政协会议上，政协委员可以就关系人民群众切身利益的问题发表观点和看法，得到社会舆论的支持，引起人民群众关切，从而对公共权力机关权力行使的行为和结果进行监督。政协就人民群众关心的公共权力机关及其工作人员的违法犯罪、贪污腐败行为进行抨击、揭露和批评，对于督促公共权力机关及其工作人员避免权力滥用、贪污腐败、违法犯罪等产生积极影响。

（4）监督公共权力机关的行政、司法执行情况。每年在全国人民代表大会召开的同时，全国政协也会召开政协会议，同时列席全国人民代表大会会议，以便监督公共权力机关的相关工作。在列席全国人民代表大会会议期间，政协要听取经济社会发展规划、政府工作报告、国家预算和决算等，在听取报告后政协也会积极参与协商、讨论，对国家重要的大政方针政策发表观点和看法。政协委员还可以在政协会议期间提出各种议案，实现对公共权力机关权力运行过程中各方面的监督。

政协实施民主监督的主要方法是建议和批评，其监督方式进一步优化的举措有：

（1）提出提案和建议案。各级人民政协的全体会议、常委会会议和主席会议都可以对党和国家的大政方针政策提出建议，提交全国人民代表大会和国家机关有关部门处理研究。政协会议期间，一定数量的政协委员可以提出提案，提案经提案委员会审查后，送有关部门办理，并由提案委员会督促有关部门及时处理。

（2）调查和监督。各级政协在每年开会之前至少组织一次调查和监督。调查和监督的内容主要围绕当年国家政治、经济、社会生活中的重大事项以及与人民群众切身利益相关的问题进行监督，监督过程中发现的问题及时向党和政府反映。政协可以就某个关切问题组织专门人员进行调查，调查后可提交建议和报告。调查的内容十分广泛，可以针对某个社会问题，可以针对党和国家的政策执行，还可以针对国家的一系列重大项目进行调查和监督。

（3）专题座谈会。政协可以定期召开有关经济、政治、文化、社会、生态文明建设等方面的专题座谈会，邀请公共权力机关及其工作人员到会听取意见，以便督促公共权力机关及其工作人员改进工作。目前我国政协监督的作用并没有充分发挥，要进一步加强政协的自身建设和监督作用的发挥。

（4）民主座谈会。中国共产党在制定重大决策前召开政协、各民主党派和无党派爱国人士座谈会，党把重大决策需要协商、讨论的问题通过民主座谈会等形式进行，座谈会的举办对党和国家重大方针决策的制定和执行有着重要的作用。

第五章

公共权力行使主体的社会化监督有机体论

在客观世界中，自然界和人类社会作为现实世界的重要构成都有着独立的系统，在运行过程中相互依存、相互作用、相互影响。各独立系统之间之所以可以稳定地运转，是因为实现稳定运动、有序发展的联动机制不仅存在于各系统内部，而且相互影响、作用于各个系统之间。中国不同社会形态的历史脉络和漫长发展，正是由于社会形态中各个系统内部经济、政治、文化、社会等方面协调联动的结果；而生产方式、科技变革、环境保护与人类生存发展的紧密关联，也充分体现了各个系统之间联动机制的现实存在。生产力的变革、历史的发展、人类社会的进步，也给我们了一个非常重要的启示：社会发展的系统内部各要素以及系统之间的效能联动是人类社会，甚至客观世界相互影响、相互制约、相互作用的关系。所以，提升公共权力行使主体的社会化监督的整体效能，都要严格遵循这一客观规律。

第一节　马克思社会有机体理论

马克思社会有机体理论是辩证唯物主义和历史唯物主义的重要体现和现实构成。它是由社会多种要素相互联结而成、以物质资料生产方式为基础、以人的能动性改造世界的社会性实践和客观现实的人作为出发点、以每个人自由而全面的发展为目标的社会发展理论。不断深化马克思社会有机体理论的研究，对于建构公共权力行使主体的社会化监督有机体具有极其重要的理论和现实意义。

一、马克思社会有机体理论的形成

把社会形象比作一个有机体，在很久之前就有人提出。早在古希腊时期，希腊人以"有机体"或"生物"的观点来解释宇宙。随着社会的不断进步，康德从自然属性的角度对社会有机体进行了界定："一个有机的自然产物乃是一个产物，其中所有一切部分都是交互为目的与手段的。"黑格尔则把社会有机体理论应用到了社会发展的各个领域尤其是国家建设和管理的相关理论上。他认为，国家是一个完整的有机体，"机体的本性是这样的：如果所有部分不趋于同一，如果其中一部分闹独立，全部必至崩溃。"圣西门在19世纪初对社会主义的构想中也提出了社会有机体理论。《圣西门学说释义》中指出"社会是一种有机整体"，需要进一步研究"社会这个统一集体的各个器官"。斯宾塞进一步论证了社会有机体的特殊性、系统性和同一性。他提出，社会就像一个完整的有机体，由其各个部分组成，并在相互促进、相互联系的基础上发展和演进，而且社会有机体的演进是从量的增加开始的，随着量的增加，社会有机体会发生整体的结构优化、功能演化和相互依存的增加。量的增加是社会有机体由小到大的规模变化，在社会有机体规模变化的同时，出现结构的进化，社会组织由简单到复杂。

马克思批判吸收了康德、黑格尔的历史唯心主义和孔德、斯宾塞的机械唯物主义的相关观点，从人类社会发展的系统性角度把社会有机体理论建立在社会形态发展的基础上，体现了社会有机体中辩证唯物主义和历史唯物主义的科学性的一面，为社会有机体理论的构建和运行指明了方向。马克思在《评奥格斯堡〈总汇报〉第335号和第336号论普鲁士等级委员会的文章》中提出，由"有生命的有机体"到"国家生活的有机体"，科学阐明了社会有机体不同于无机体的内涵属性。他在《哲学的贫困》中提出了"社会机体"的概念，"谁用政治经济学的范畴构筑某种思想体系的大厦，谁就是把社会体系的各个环节割裂开来，就是把社会的各个环节变成同等数量的依次出现的单个社会。其实，单凭运动、顺序和时间的唯一逻辑公式怎能向我们说明一切关系在其中同时存在而又互相依存的社会机体呢？"在《〈政治经济学批判〉序言》中，马克思系统阐述了社会有机体的功能和作用："物质生活的生产方式制约着整个社会生活、政治生活和精神生活的过程。不是人们的意识决定人们的存在，相反，是人们的社会存在决定人们的意识。社会的物质生产力发展到一定阶段，便同它们一直在其中运动的现存生产关系或财产关系（这只是生产关系的法律用语）发生矛盾。于是这些关系便由生产力的发展形式变成生产力的桎梏。那时社会革命的时代就到来了。随着经济基础的变更，全部庞大的上层建筑也或慢或快地发生变革。"

二、马克思社会有机体理论的基本内容

马克思社会有机体理论是一个系统科学、结构严谨、层次鲜明的社会发展理论，其基本思想主要包括：社会有机体是由多项社会要素构成的相互影响、相互制约、相互作用、相互推进的系统有机体系。马克思提出，任何社会有机体都是一个严密、科学、系统的有机整体，是社会各要素按照一定的逻辑和秩序建立起来的系统的科学的社会有机整体。

首先，社会之所以成为一个有机的整体，是由多重要素相互作用才得以形成的。马克思指出，构成社会有机体的要素很多，其中最主要的一部分是人与自然的关系。这里的人与自然的关系中的人是指具有实践能力的形成社会性影响的人，具有主观能动性的、现实的人，自然主要指的是能够融入人类社会的那部分大自然。在人与自然的相互关系中，主要体现在两个方面：一方面是人类社会与自然界的有机关系。马克思指出，人是自然的一部分，人不可能脱离自然界而生存，人本身具有自然属性。这是因为"全部人类历史的第一个前提无疑是有生命的个人的存在。因此，第一个需要确认的事实就是这些个人的肉体组织以及由此产生的个人对其他自然的关系。"同时，人与自然的关系又不是主观的、任意的，人们通过发挥主观能动性，在尊重客观规律的基础上改造自然、改造世界，进一步推动社会关系不断向前发展。另一方面体现在人与人的社会关系中。在现实的社会关系中，随着生产力的不断发展，人与人之间必然要形成各中各样的复杂的社会关系。这种社会关系在进行着多层次的变化，从要素到系统、从直接到间接、从简单到复杂，形成有机的整体。

其次，社会并不是一成不变的，而是发展变化的，作为有机的整体，并不是简单的、机械的元素拼接，而是按照一定规律、一定逻辑所形成的有机体。马克思也提到，社会有机体作为一个系统的构成，在具体的生产

方式中是由生产、分配、交换、消费这四个要素组成的。而这四个要素，一方面，"一定的生产决定一定的消费、分配、交换和这些不同要素相互间的一定关系"；另一方面，"生产就其单方面形式来说也决定于其他要素"。因此，"不同要素之间存在着相互作用。每一个有机整体都是这样"。

最后，社会有机体的各个组成要素无论如何变化，都要隶属于有机整体。"这种有机体制本身作为一个总体有自己的各种前提，而它向总体的发展过程就在于：使社会的一切要素从属于自己，或者把自己还缺乏的器官从社会中创造出来。有机体制在历史上就是这样向总体发展的。它变成这种总体是它的过程即它的发展的一个要素。"总的来说，任何社会有机体在形成之前都是在各种因素的相互影响、相互作用下才形成的，一旦形成，便具有一定的系统性、有序性，这些特性也充分体现了有机体的系统建构，无论哪一个要素，都是社会有机体的重要构成，而不能单独存在。

马克思社会有机体理论是以实践为起点，蕴含着人与自然的辩证统一关系，他们之间相互影响、相互作用、相互联系，并在有机的、动态的、相互的作用中不断变化和发展，充分体现了人的社会属性，最终服务于"每个人自由而全面的发展"的发展趋向上。马克思社会有机体理论不仅揭示了人类社会与自然界的辩证关系，更指明了人类社会的内在发展规律，为公共权力行使主体的社会化监督提供了科学的世界观和方法论。

实现公共权力行使主体的社会化监督，离不开监督主体、监督客体、监督中介各个部分、各个环节的相互影响、相互作用和科学联系。马克思社会有机体理论从系统性、科学性、整体性、实践性、发展性的角度，为实现公共权力行使主体的社会化监督注入了更多的元素，彰显了权力监督融入公共权力行使主体的社会化监督的必要性。公共权力行使主体的社会化监督是社会有机体理论的有效实践形式。因此，要实现公共权力行使主体的社会化监督，必须将马克思社会有机体理论作为具体的实践指引，将公共权力行使主体的社会化监督作为一项系统工程，从全局性、整体上进行布局，实现统筹协调、相互作用、相互联系的有机整合。因此，人的本质属性是社会属性，公共权力行使主体的社会化监督的根本目标和价值指向必然落实到维护最广大人民群众的根本利益、实现每个人自由而全面的发展上来。

自上而下的权力型监督转变为自下而上的社会化监督是历史发展的必然之选，并在内在要求上充分体现了人民当家作主的地位和作用，将马克思主义社会有机体理论有效应用，成为公共权力行使主体的社会化监督的出发点、落脚点和归宿。

第二节 公共权力行使主体的社会化监督有机体效能联动的内涵及原理

1789年法国大革命之后的拿破仑战争加速了欧洲的历史进程，在拿破仑战争时期有一个特殊的现象：法国的单兵作战水平很差，但整体作战能力很强，沙俄的骑兵正好相反。战争中，单兵作战的三个法国士兵也打不赢一个沙俄骑兵，但一个法国骑兵团可以轻易地击败一个沙俄骑兵团。法国骑兵团之所以能赢的重要因素便是效能联动的原理机制。效能联动的具体内涵是什么？其运行的原理和机制又是什么？公共权力行使主体的社会化监督有机体效能联动的域值是什么？这就需要进行深入的思考和分析。

一、公共权力行使主体的社会化监督有机体效能联动的内涵

"效能联动"是由"效能"和"联动"两个词语构成的整体概念。"效能"，又称效应、效果，它是指由一系列行为引发的有效结果或成果。"联动"，即相互联系、相互作用，通过相互关系减少失误，弥补不足。所以，"效能联动"可以理解为两个或两个以上行为相互联系、相互作用所产生的有效结果或成果超过单个行为结果的总和。

公共权力行使主体的社会化监督有机体效能联动就是指两个或两个以

上的社会化监督行为（或系统）交互协调所产生总效应大于各个监督行为（或系统）所产生的效果的总和。其域值从宏观协调上主要包括三个部分，即公共权力行使主体的社会化监督有机体内部各监督功能（或行为）的效能联动、社会化监督系统与社会化监督系统之间的效能联动以及社会化监督职能与国家其他公共职能之间的效能联动。

（1）公共权力行使主体的社会化监督有机体内部各监督功能（或行为）的效能联动：公共权力行使主体的社会化监督系统各监督功能（或行为）的效能联动是一种内部的宏观协调，它是指监督系统内部各监督主体通过发挥不同的监督职能或进行的不同监督行为，影响或作用监督的覆盖面，提高或增加监督的发生率，消除和弥补不同监督方式的不足，从而增强公共权力行使主体的社会化监督系统的总体效能。

（2）公共权力行使主体的社会化监督系统与监督系统之间的效能联动：公共权力行使主体的社会化监督系统与监督系统之间的效能联动是一种外部的宏观协调，它是利用国家机关的自我监督与社会对国家机关的监督这两种不同的监督机制，在主体、程序、实施方式、价值取向有同有异的情况下，实现监督效应的累加与放大。

（3）公共权力行使主体的社会化监督职能与国家其他公共权力职权的效能联动：公共权力行使主体的社会化监督职能与国家其他公共权力职权的效能联动是一种总功能的宏观协调。它是通过公共权力行使主体的社会化监督职能与国家大政方针政策的制定、执行、管理、服务等职能的相互影响和作用，通过调节和反馈来实现国家总目标。

二、公共权力行使主体的社会化监督有机体效能联动原理

系统论提到，"十个 1 相加大于 10"。一个系统中各个组成要素在正常的或功能发挥良好的条件下，只要能充分调动各组成要素的积极性，形成各组成要素的整体合力，就可以实现系统的总功能超过各组成要素功能之和。反之，也有可能导致总体效应小于各组成要素功能之和。公共权力

行使主体的社会化监督有机体效能联动的理论，就是以这一原理为其主要依据的。

其内在发展规律的要求：监督的启始与人类群体的形成同时起步，公共权力行使主体的社会化监督的出台也与国家的产生同时出现。但是，早期的公共权力行使主体的社会化监督层次较低，程序简单，主体有限，客体较少，公共权力行使主体的社会化监督有机体的效能联动只在一定程度上有限存在。伴随着民主政治的不断发展，公共权力行使主体的社会化监督系统慢慢成熟起来，体现出监督层次、监督目的、监督主体、监督程序不断进步的发展趋势。这种现象正是由于社会分工日趋严密，分工协作的专业化、复杂化和技术化所造成的。公共权力行使主体的社会化监督目的、层次、主体、程序的多元化相较于国家的早期监督机制，是非常明显的进步。但由于其在运行过程中容易产生监督主体、监督职能之间互相抵触的现象，必须通过一定的机制来解决问题，消除不良影响，实现监督效能的互相联动。此外，公共权力行使主体的社会化监督系统内部的目的单一性与监督主体、监督方式和监督效应的多样性之间也形成了辩证统一的关系。而这种监督主体、方式、效应的多样性和监督目的单一性的对立，正是实现公共权力行使主体的社会化监督整体效应的基础。可见，效能联动是公共权力行使主体的社会化监督不断发展的内在动因。

公共权力行使主体的社会化监督是国家各项职能联动的基础。早期的国家机关因管理范围狭窄，管理的复杂程度较低等因素的制约，公共权力行使主体的社会化监督在国家各项职能中具有良好的作用，但它毕竟不是孤立存在的，恰恰相反，它是由其他国家职能相互作用一起实现的一种职能。

随着生产力的不断进步，尤其是进入20世纪30年代，西方各国推崇凯恩斯主义，国家日益广泛地对经济、政治、文化、社会生活等各个领域的加强宏观调控，通过统一的计划来协调整个社会的物质生产活动，政府主导一切。西方国家以前所未有的管控力度，无所不在地作用和影响着经济社会生活。

国家公共职能的不断完善和发展，体现了公共权力行使主体的社会化监督再也无法由其他国家职能代为完成了，公共权力行使主体的社会化监督职能呈现出与其他国家职能相互分离、独立存在的趋势。但是，公共权力行使主体的社会化监督职能的相对独立并不是与其他国家职能完全隔离开来。相反，它是实现监督职能与其他国家职能相互影响、相互作用的基础。首先，公共权力行使主体的社会化监督职能与其他国家职能的效能联动是实现整体国家职能的内生动力。没有有效的公共权力行使主体的社会化监督为后盾，国家大政方针政策的制定、执行和管理职能就无法顺利实现。所以，实现公共权力行使主体的社会化监督职能与其他国家职能之间的效能联动，是国家各项职能有效实现的前提基础。其次，公共权力行使主体的社会化监督在与其他国家各项职能的效能联动中不断向前发展。公共权力行使主体的社会化监督本身并没有权威性的、强制性的地位。它的作用在于可以与其他国家各项职能之间相互作用、弥补不足。如果完全隔离于其他国家各项职能之外，公共权力行使主体的社会化监督职能就无法发挥，甚至成为一种消极的存在。我们应当看到，公共权力行使主体的社会化监督与国家的其他各项职能相比，具有明显的维护性和互补性。如果公共权力行使主体的社会化监督与其他国家职能之间缺乏必要联动，其维护性和互补性就会使其成为现代民主政治发展的弊病。如我国在改革开放初期经济体制改革中，国家的监督机制与国家改革开放政策的制定、执行并没有实现完美的契合，经济改革的步伐也受到了一定的限制，这都表明公共权力行使主体的社会化监督要与其他国家各项职能相互关联、相互作用才能发挥积极意义。民主政治的发展就需要从与其他国家各项职能效能联动的视角来正确看待公共权力行使主体的社会化监督。

公共权力行使主体的社会化监督体现了历史性的合力作用。公共权力行使主体的社会化监督的历史脉络体现了它的积极作用，但同时，我们也应看到它的历史局限性。公共权力行使主体的社会化监督属于权力的外在监督，它本身具有不彻底性。多年来，各国公共权力行使主体的社会化监督系统日趋完善，但是，权力滥用、决策失误、贪污腐败，依然是各国国家权力运行中存在的重要问题。人们在发现问题、解决问题的过程中，自觉或不自觉地将公共权力行使主体的社会化监督进行了深入的研究。公共权力行使主体的社会化监督是社会各阶层组织、社会舆论、公民对公共权力机关及其工作人员行为和结果的监督。它虽不具有强制性、威慑性，但却具有反应迅速、经济有效、主体广泛的特质。

近些年来，公共权力行使主体的社会化监督机制在世界各国普遍发展起来，主要因为：第一，经济利益多元化趋势。经济利益多元化是现代经济发展的必然趋势。经济利益多元化会推动各国利益集团不断介入对公共权力运行的管理和监督，以获取更多的经济利益。西方利益集团、社团组织及个人积极参与管理和监督国家各项事务，就体现了这一特点。第二，社会民主化的不断进步。西方各国人民多年来通过各种方式争取自由，争取权利，虽然没有取得实质性胜利，但也迫使资产阶级在不损害其根本利益的基础上作出了一定让步，在一定程度上缓和了矛盾。公民举报制度、舆论监督制度、赔偿制度、申诉制度的不断发展就体现了这一点。第三，公共权力行使主体的社会化监督补救性。公共权力行使主体的社会化监督可以弥补其自身监督的不足，在总体上对解决问题、缓解社会矛盾是有积极作用的。

在社会主义国家，公共权力行使主体的社会化监督始终被视为人民当家作主地位的重要体现。广大人民群众积极参与对公共权力机关及其工作人员行为和结果的监督是社会主义民主政治发展中的重要构成。公共权力行使主体的社会化监督也逐步进入正规化、科学化、程序化、制度化，起到了良好的社会反响。

公共权力行使主体的社会化监督的不断进步、不断发展，弥补了国家各项职能不能有效结合的不足，发挥了其效能联动的作用。公共权力行使主体的社会化监督通过各种网络大数据、新闻媒介的介入，获取了大量信息的资料，切实提高了公共权力行使主体的社会化监督的整体效能。

三、公共权力行使主体的社会化监督有机体效能联动的走向

公共权力行使主体社会化监督有机体的效能联动是公共权力行使主体的社会化监督发挥作用的最有力武器。世界各国完善公共权力行使主体的社会化监督体系的程序、手段、方法形式各异，但在效能联动的过程中都有着相同的趋势和变化。

（一）监督范围的拓展和深化

监督主体单纯的数量的增加并不能反映监督的效能联动，而监督覆盖面的拓展和深化才是监督效能联动的直接体现。

现代民主政治生活中，任何公共权力机关都不能免于监督。无论是立法机关、行政机关、司法机关，包括国家的安全机关、军事机关等，都应受到不同形式、不同程度的监督。

（1）对立法行为的有效监督是公共权力行使主体的社会化监督范围拓展的重要标志。

公共权力行使主体的社会化监督有机体效能联动的一个重要特征是，任何国家机关都没有能免于监督的特权。只有对所有国家机关实行一视同仁的监督，才能提高监督的整体效能。所以，立法机关的立法过程和结果成为了公共权力行使主体的社会化监督的重要对象。

当代各国对立法过程和结果的监督，主要是通过司法审查制度来实现的：首先，监督主体对立法过程和结果的积极监督。积极监督，是指对暂未通过生效的立法主体进行事先监督。例如，在意大利、法国等实行宪法法院的国家中，对立法过程和结果的监督主要拓展到法律生效前。如意大利的监督方式，即对议会立法的审查界定在法律制定和公布之前和实施以后的法定时期内进行监督。法国宪法中规定：各项组织法颁布以前，议会两院规则实施以前，均应提交宪法委员会审查，由该委员会宣布其是否合宪。在实践中，各项法律颁布以前，可由共和国总统、总理、两院中任何一院的议长，或由60名国民议会议员，或由60名参议员提交宪法委员会进行

审查。其次，司法机关对立法过程和结果的消极监督。消极监督，是指对已生效实施的立法进行事后监督。在日本，最高法院乃至下级法院都获得了宣布国会法律无效的权力。在美国，联邦最高法院有权宣告国会通过的法律因违宪而无效。

总之，在立法过程和结果前后实时、全面进行监督，客观上提高了监督的范围和效应，弥补了事先监督的盲目性和事后监督的被动性等不足。

（2）对行政行为和结果的监督是扩大公共权力行使主体的社会化监督范围的重要体现。

第一，对国家政权领导人行为和结果的监督。国家政权领导人是国家行政机关的最高领导。由于其隐蔽性强，权限大，地位高，而往往成为公共权力行使主体的社会化监督的空白点。然而，对国家政权领导人的监督已逐渐成为公共权力行使主体的社会化监督的主要内容。

第二，对行政机关行为和结果的监督。对行政机关行为和结果的广泛监督是公共权力行使主体的社会化监督有机体效能联动的重点，它是通过多元主体参与、各种监督方式一起作用实现的。首先，行政机关加强了对行政机关行为和结果自上而下的监督。由于各国监督体系和制度的不断健全完善，社会监督机构也普遍建立起来，这就加强了对行政机关及其工作人员的全面监督，使公共权力行使主体的社会化监督范围进一步拓展和深化。其次，西方国家议会加强对行政机关行为和结果的监督。例如美国国会委员会的监督就具有非常鲜明的特征。国会不仅有权通过委员会工作人员的问询和建议、行政官员的作证合听证会等方法手段来监督行政机关的行为和结果，而且还能通过雇用私人调查人员对行政机关进行合法的调查。除此之外，国会委员会还通过对行政机关权力运行的原则、章程、规章、方案和程序的制定进行监督。

第三，司法机关加强对行政机关行为和结果的监督。伴随着监督制度的不断完善，许多国家的司法机关积极参与行政机关诉讼活动，并通过法院的审判活动、检察院的监察活动来实现对行政机关的监督。例如美国有的州通过立法,规定州检察机关及其检察官有权监督行政,调整某些组织的经济工作以及监督政府各委员会的工作,又如波兰成立的最高行政法院就是为加强对行政机关行政行为的监督而设置的,这些司法机关不仅可以审理行政机关工作人员的权力滥用、贪污腐败等行为,甚至有权裁决行政机关颁布的各项规章制定的合法性、合理性。

综上所述,现代国家的行政监督再也不被封闭在行政机关传统的监督范畴之内了,其监督内容已从单一性向多元化发展;其监督范围已从行政机关和工作人员扩展到更广阔的范围;其监督过程已从行政决定、行政命令、行政执行深入到行政审查和行政督促;其监督手段已从简单的审查、人员选择拓展到批评、建议和裁决。所以,行政监督已成为以多元主体参与、各种监督方式一起作用的效能联动的监督有机体,其监督原则、行为、内容和结果从法律和程序上已被监督进行全部覆盖。

(3)对司法机关行为和结果的监督范围具有明显的复合性、交叉性。

司法独立的原则体现了司法机关相对的超然性。目前,西方国家对司法机关的监督主要表现在对法官的挑选、对权力滥用、违法犯罪法官的弹劾以及立法机关制定法律法规来修正原有问题等。社会主义国家是通过人民选举的人民代表大会对司法机关组成人员的挑选、任命、对执法情况的认可,而且通过对司法机关的法律解释进行审查等来实施审查和监督。除此之外,各国还设立专门的监督机关,对司法机关的行为和结果进行监督。

综上所述,现代国家都非常重视公共权力行使主体的社会化监督,与历史上的各种监督形式相比,公共权力行使主体的社会化监督在监督的覆盖面、监督深度和力度上都有了很大的进步。

(二)监督体系的法制化

宽领域、立体化、多层次的公共权力行使主体的社会化监督必须有一整套互相衔接、相互促进的法律制度体系作为支撑和载体,从而在监督体系的合法化、程序化、稳定化的前提条件下实现公共权力行使主体的社会化监督的效能联动。

现代国家在监督法律体系化建设过程中的具体表现有：

在监督程序方面，例如美国的《行政程序法》《行政诉讼法》，保加利亚的《国民议会工作条例》以及波兰的《宪法法院诉讼规则》等。

监督主体及其职权方面，在西方，主要是议会及其委员会和议员担当监督责任。议员一般是专职的，享受在议院内发言不受追究、未经议会许可不得被逮捕或拘禁、优厚的工资福利和配备助理人员等优越条件。例如英国的《国库审计法》，波兰的《议会法》，保加利亚的《民意征询法》等。

在监督客体及其权利和义务方面，如新西兰的《文官册法》，联邦德国的《联邦文官法》《国家责任法》《公职保密法》等。

（三）监督主体的多元化

监督主体的多元化是解决原有监督过程中手段单调、主体有限、履职艰难、负荷过重等问题的主要方式。监督主体的多元化主要包括：

1. 新型监督主体的产生

新型监督主体的产生是监督主体多元参与的直接体现。近些年来，世界各国除通过原有监督主体的监督和制约外，还创设了一系列新型的国家监督机关。

例如在美国，国会有权对违法失职的国家高级行政官员进行调查和审判，弹劾的主要对象是总统任命的内阁组成人员，也包括总统本人。

2. 监督主体监督权的重新分配

监督主体监督权的重新分配体现了公共权力行使主体的社会化监督体系的系统调整，反映了人们对于建设监督效能联动机制的迫切要求。监督主体监督权的重新分配表现在审计机关的监督由隶属于行政机关转向立法机关，甚至是以独立的身份行使监督权。例如，美国在1896年根据《公证会计师条例》建立了审计制度，审计机关从隶属于行政系统转归为一个独立的非政治性部门。在150多个国家已建立的审计机关中，成立独立性部门的国家较多，而从属于行政或司法机关的相对较少。

3. 监督主体的迅速增加

监督主体的迅速增加是指监督主体的形式不断多元，监督主体的数量在世界范围内迅速增加。法国的宪法委员会、瑞典的议会监察长和美国联邦最高法院等都具有一定的代表性。

四、公共权力行使主体的社会化监督机制是对立统一的有机整体

任何事物都处于矛盾运动之中，公共权力行使主体的社会化监督的运行也不例外。正是这种矛盾运动，才推动着中国特色社会主义监督体系作用的发挥，监督机制的不断完善。在我国现阶段，监督系统内部各种监督机制在运行过程中矛盾运动的状态主要表现在：

（1）各种监督机制互相摩擦、互相制约，使监督作用互相抵消，降低了监督的整体效能。例如当前全党、全国各族人民的中心任务是全面建设社会主义现代化国家。在政治监督中党的监督便是采取一切手段解决各种问题，保证这一路线方针政策的贯彻落实。但有些监督主体和监督形式虽然也在尽力贯彻，由于本身作用范围和职责权限的限制，只能以现实存在的法律法规对经济行为进行监督。有些法律法规已不适应社会生产力发展和现实的需要，不同监督主体和监督形式之间就产生了矛盾，问题也就出现了。

（2）对同一行为和结果多头监督、重复监督，浪费了大量的人力、物力、财力，降低了监督效率和质量。例如在现行监督体系中，由于各种监督主体职责不明、责任不清、权限含混，导致了监督主体之间对同一项活动进行重复监督。这使监督客体疲于应对多头监督，而且各种监督主体和形式的评判标准不一，也就无法更好实现，也给监督主体和监督形式造成了大量人力、物力、财力的浪费，影响了监督的效果。

（3）权力监督运行过程一旦存在大量的监督漏洞就不能进行有效的监督。第一，现行监督体系要求按照一定原则、方法通过监督主体对不同的监督客体进行监督，而不同监督主体职责分配又不明确，从而导致了互相推卸、扯皮现象的发生，这就使一部分经济社会活动应当受到监督而没有

人进行监督。"天天看到群众，不等于就不脱离群众。"第二，从横向体系看，各种监督主体和监督形式之间需要一个更好的衔接纽带，目前来看各种监督主体和监督形式的职责权限和作用范围尚不清楚，其衔接纽带更是一个薄弱环节，从而形成了监督的真空地带。第三，现行监督体制实行的是逐级进行、分层管理的原则，即按照行政级次进行监督，中央监督机关须对中央级次的公共权力机关及其工作人员的行为和结果进行监督，地方则无权对上一级的公共权力机关进行监督，从而形成了上面管不了、下面无力管的局面，使大量公共权力机关及其工作人员脱离了监督。

现有监督机构由于存在以上缺陷，对公共权力的监督与制约尤其是对同级公共权力的监督与制约必然会弱化。所以，有必要采取措施加以改进，以健全我国的公共权力行使主体的社会化监督机制，具体来说：

首先，建立平行行使监督权力的监督机构，使监督机构具有威慑性和独立性。监督机构作为社会主义民主和法治的保障机关，应具有处理问题的威慑性和监督行使的独立性。因为真正的监督是一种权力对另一种权力的控制和约束，要监督一定的权力就需要有特定权力作后盾，否则监督就会大打折扣；要切实有效地监督和制约权力，监督主体必须具备相对较高的权威性、威慑性和独立性，否则监督主体的活动就会停滞不前，监督客体也自然不会主动接受监督。

要建立从中央到地方的平行行使监督权力的监督机构，就必须改变监督机构由同级党政领导部门产生的做法。中央监督机构，由党的全国代表大会、全国人民代表大会选举产生，并对其负责。地方各级监督机构，由地方党的代表大会、人民代表大会选举产生，并对其负责。这样从中央到地方各级的监督机构，既可以监督党内外各级领导干部，又可以监督广大党员，"要逐步从制度上、习惯上、风气上，做到能上能下"。诚然，这种平行监督机构也存在问题，这便是平行监督机构与党政机关有可能出现分歧或矛盾。对此，可以组成协调委员会进行协调、协商，一旦无法解决，就交由各级党的代表大会、人民代表大会进行裁决。

其次，平行监督机构要建立健全垂直监督制约体制。实践证明，监督如同医生可以为别人动手术，却很难为自己动手术，只有加强垂直监督才能做到严格约束、公正公开。在实施过程中，需要监督主体与监督客体不能在一个部门中，要有一定的独立性。目前我国的平行监督机构，从整体而言，要避免建立单一的垂直监督体制，应建立双重领导监督体制。平行监督机构要受到同级党委和行政机关和上级监督机关的监督制约。

最后，科学理顺监督机构之间的关系，提高监督体系的整体效能。现代社会活动方式越来越复杂多样，民主政治和民主管理的水平也越来越高，社会主义社会的权力运行过程也呈现出日趋复杂的局面，由此就决定了对公共权力机关及其工作人员进行监督的机构必然是多元的，以便开展多种类、多形式的监督活动。这就要求客观上不同监督主体之间要形成一种既有分工又有协作的关系，以协调彼此之间的监督工作，形成整体效能。因此，必须理顺中国特色社会主义监督体系中不同监督主体和形式之间的关系。首先可以建立具有高度权威性、综合性和协调性的全国监督委员会。这是中国特色社会主义监督体系中总揽和协调各方监督的最高监督机构。它由全国人民代表大会选举产生，对全国人大负责并受其监督。其下面既有各级地方人民监督委员会和基层人民监督小组，又有附属于它具有不同功能的各类子系统。全国监督委员会统一领导和协调所有监督主体和监督形式的工作，并协调解决它们之间客观存在的问题。其次要建立从中央到地方的监督联席机构，即由本级监察机关及人大、政协等组成监督联席机构，以明确本级不同监督主体之间的职责明确、分工协作关系，改变各自为政的局面。

第三节　时空结合，建构公共权力行使主体的社会化监督有机体

一、公共权力行使主体的社会化监督的"时间"建构

伴随着现代民主政治的发展，无论是党内监督、政府监督，还是法律监督、公共权力行使主体的社会化监督等监督形式都更倾向于事后监督，对于事前监督和事中监督重视程度不够，公共权力行使主体的社会化监督的整体效能在监督过程中也就无法充分发挥。在具体的监督过程中，事前监督、事中监督、事后监督都是属于对公共权力运行中不同环节所进行的监督，权力运行的各个环节因为特点、形式的不同，又需要有不同的监督内容所对应。要有效地预防权力滥用、贪污腐败等行为，必须将事前监督、事中监督、事后监督有机结合起来，建立全方位的"时间"监督制约机制。

（一）加强事前防范，完善社会化监督的各项法律制度，保持教育常态化

1. 健全公共权力行使主体的社会化监督的法律和制度

深入推进全面依法治国是人民当家作主地位的充分体现，是社会主义民主政治、民主管理的制度化、程序化、法律化，是对人民当家作主地位的认可和保护。赋予监督权与行使监督权并不是一个概念，深入推进公共权力行使主体的社会化监督，实现人民当家作主，需要有充分维护最广大人民群众根本利益的平台，公共权力行使主体的社会化监督的践行必须制度化、程序化、法律化，才能得到切实履行。

当前，我国还没有建立健全公共权力行使主体的社会化监督的法律法规，也没有形成法定的监督内容和监督程序，公共权力行使主体的社会化监督还没有在法律的具体实践层面上得以实现。为此，我们必须要建立健全有关公共权力行使主体的社会化监督的法律法规，对公共权力行使主体的社会化监督的权限、范围、责任、权利、内容制定具体的实施规则，形

成一套系统的、完备的、科学的、有效的法律规范体系，使公共权力行使主体的社会化监督制度化、程序化、法律化，并使之具有实践性、现实性和可操作性，通过运用法律法规和监督制约机制的力量，保证公共权力行使主体的社会化监督主体无须瞻前顾后，实现公共权力行使主体的社会化监督主体的各项权力得到切实保障。

历史上一切先进的法治文明思想和成果都值得我们吸收和借鉴，还可以结合我国改革开放以来一系列监督的具体形式和内容，建立起一套符合中国国情的形式多样、内容齐全、体系严谨、运转科学的公共权力行使主体的社会化监督的法律体系。首先，通过公共权力行使主体的社会化监督制度化、程序化、法律化，实现监督的各种实体法、组织法、程序法配套完整，使各种监督制约机制、具体管理制度详尽得当，以确保权力监督的有法可依、有法必依、执法必严、违法必究；其次，通过完善相关法律法规，形成一套层次鲜明、程序严谨、结构合管理科学、行之有效的公共权力行使主体的社会化监督制约机制，注重公共权力行使主体的社会化监督的科学性、广泛性、有效性，保证公共权力一直在制度化、科学化和法治化的轨道运转。通过公共权力行使主体的社会化监督的积极有效参与，保证广大人民群众能够及时发现、举报、揭露、罢免并惩治各种权力滥用、贪污腐败、违法犯罪的行为，使违反犯罪分子能被党纪国法进行严厉制裁。把腐败变成高风险、高成本和无收益甚至负收益的行为，最大限度地去遏制腐败现象的滋生和蔓延，多措并举，有效畅通群众监督渠道，着力满足群众诉求愿望，积极引导群众参与反腐倡廉建设。

2. 实现公共权力行使主体的社会化监督的教育常态性、形式多样性

在我国，传统的灌输教育模式具有相对集中、规范化、整体性、快速见效等特点。但灌输教育模式就如同是一张网，总有它涉及不到的地方，也总有解决不了的问题。现阶段有些腐败的出现，就是有些人在"腐败文化"的氛围下自觉不自觉地被卷进腐败的结果。公共权力行使主体的社会化监督的教育教导就需要我们因人而异，因事而变，因势利导，通过警示性、

启发式教育，启发人民群众、舆论媒体、社团组织和政协等通过开展自我教育，学习权力监督理论、内容和方法，改变传统的灌输式教育的不足，实现有效学习监督理论，达到理论自觉的目的。

只有将权力监督的理论通过灌输式教育、启发式教育和自我教育相结合，营造喜闻乐见、可行可用的学习氛围，才能避免空洞说教，达到有效学习、事半功倍的效果。具体来说，可以充分利用网络媒体的数据手段，通过建立公共权力行使主体的社会化监督的方式选择、方法运用；通过政府官网、廉政教育网站、专项监督网页、远程廉政教育平台、监督 App 等平台推出廉政视频、监督常识课堂及教育电影，或开设公共权力行使主体的社会化监督短信服务平台切实服务人民群众等，将权力监督的常识和运用于人民群众的日常生活、学习和工作中，以动态的、立体的、长效的数据手段赋予公共权力行使主体的社会化监督鲜明的现代底色，使人民群众、舆论媒体、社团组织和政协等可以不受时间、地点约束，随时随地学习监督方式和监督手段，帮助人民群众更好地实现公共权力行使主体的社会化监督。另外可以正、反两方面的典型案例和典型人物作为切入点，把传统的灌输教育与警示启发式教育结合起来，通过正面引导、反面警示的形式，不断增强教育的真实性、可行性和说服力，进而不断提升公共权力行使主体的社会化监督的水平和质量。

（二）强化事中监督，完善社会化监督的保护机制和联动协调机制

1. 进一步完善公共权力行使主体的社会化监督的保护机制

科学、健全的公共权力行使主体的社会化监督制约机制是不以个人的意志为转移的，它必须为广大人民群众提供一个真实、稳定、可靠的保护机制。对于将违法犯罪案例和人员进行揭露、检举的举报者、被举报者和受理机关工作人员来说，良好的公共权力行使主体的社会化监督制约机制能有效规范其中的行为，有效减少在举报过程中出现打击报复、泄露个人隐私的行为。

在公共权力行使主体的社会化监督过程中，完善公共权力行使主体的

社会化监督的保护机制应从以下几个方面入手：首先，要明确党和国家各级职能部门的权限、职责和范围，规范其在具体工作中的行为和结果，在公共权力行使主体的社会化监督主体和受理机关之间形成一种可持续的合作关系，确保人民群众、舆论媒体、社团组织和政协等在揭露、举报后，受理机关能及时、有效进行处理，确保揭露、举报的事实能依法办理，真正实现人民当家作主；其次，完善进行实时保护机制的组织保障，可以针对性设立接受举报、检举、个人信息保密的专项机构。从中央到地方各级都应建立完善的举报中心，将各级部门的举报中心集中于一体，实现统一领导、分级管理、权责明确、管理严密的监督制约保护体制，健全保护举报人的相关制度，强化公共权力行使主体的社会化监督的实用性；最后，还要严格保密制度，加强保密机制建设，真正对举报者的个人隐私负责，对举报邮箱、信件、档案等实行专人负责制，比如可以为举报者提供包括隐藏姓名、联系方式、具体地址等特殊保密措施，对泄露、窃取举报人相关信息的行为进行依法惩治。

2. 加强公共权力行使主体的社会化监督的联动协调机制，降低监督成本

当前，对公共权力机关及其工作人员的监督是一个长期的、持续的、动态的系统工程，这其中包括党内监督、国家机关监督、法律监督、审计监督、行政监督、公共权力行使主体的社会化监督等，这就需要在治国理政的进程中，将各种社会资源积极地投入监督的全进程，实现协调运转、效能联动，进而降低公共权力行使主体的社会化监督总体成本，实现监督的整体合力。

要做到协调运转、效能联动，这就要求党和国家与人民群众、舆论媒体、社团组织和政协等统一思想，全面协调，及时解决公共权力行使主体的社会化监督工作中的各项问题。在具体协调工作中，可以建立公共权力行使主体的社会化监督协调委员会，通过互通有无，多方咨询，切实提高监督效率。在监督过程中，协调委员会的主体不能只是公共权力机关的工作人员，而应体现公共权力行使主体的社会化监督的主体性、全面性，尽量让人大、政府、纪检、检察院、法院、公安、监察、审计、人事、宣传等部门都能

够实时介入，更主要的是需要广大人民群众的全面参与。人民群众是舆论监督的主要参与者，是腐败的"天敌"。目前，很多权力滥用、贪污腐败、违法犯罪行为的发现，都是在被受害者的检举、举报下才发现的，这种举报往往具有很强的滞后性，这说明，建立公共权力行使主体的社会化监督机制是一个必然的选择。在公共权力行使主体的社会化监督长效机制中，我们必须处理好各种监督主体、监督形式之间的联动协调关系，制定好监督体系运行的原则、内容、程序和方法，明确人民群众、舆论媒体、社团组织和政协等进行权力监督的权利和义务，并根据新形势、新情况、新问题，修正更加行之有效的监督方案，只有这样才能真正实现公共权力行使主体的社会化监督。

（三）强化事后监督的奖励机制和完善法律机制

1. 加大公共权力行使主体的社会化监督的奖励机制

公共权力行使主体的社会化监督，一方面，需要人民群众、舆论媒体、社团组织和政协等积极踊跃地参与，另一方面，也要为人民群众、舆论媒体、社团组织和政协等提供一定的补偿、奖励和援助。没有人不痛恨腐败，而单纯的自上而下的监督往往需要付出极大的成本。如果让人民群众、舆论媒体、社团组织和政协等积极参与权力的监督和制约，党和国家大力支持，势必会大大增加广大人民群众的监督、举报热情。

2. 积极完善事后社会化监督法律机制

要进一步制定和完善《控告检举法》《公共权力行使主体的社会化监督法》《国家罢免法》等相关法律，通过法律制度的制定为公共权力行使主体的社会化监督提供法律支持和保障，并严格依法办事，保证公共权力行使主体的社会化监督真正落到实处。

在社会主义市场经济的背景下，还需要把完善社会主义市场经济运行机制与公共权力行使主体的社会化监督紧密结合起来，做到法律健全、制度保障与市场化运行相结合。可以专门制定防止公共权力机关及其工作人员在事务管理、公开招标、政府采购、财产管理中发生权力滥用、贪污腐败的法律法规，完善回避制度、招标公开和财产公示等方面公共权力行使主体的社会化监督的法律法规，形成用制度规范行为、按制度办事、靠人民群众监督的长效监督机制。人民群众是腐败最直接的受害者，反腐败与人民群众的根本利益息息相关，参与反腐败的积极性最强烈。切实提高公共权力行使主体的社会化监督的质量，增强公共权力行使主体的社会化监督的针对性、实效性和可操作性。同时，要注意总结市场化运作实践中好的社会化监督管理经验做法，积极上升为公共权力行使主体的社会化监督管理制度，以指导公共权力行使主体的社会化监督的深入推进。

二、公共权力行使主体的社会化监督的"空间"建构

加强公共权力行使主体的社会化监督机制的建设与完善，不仅要基于权力监督制约运行的时间监督角度来进行考虑，增强监督的周期性、连续性和可持续性，而且还要从公共权力行使主体的社会化监督的具体运行空间出发，进一步规范监督过程中的具体监督行为，增强监督的全面性、程序性和可操作性，做到监督空间架构中各个部分、各个环节的有效运转。为深入推进公共权力行使主体的社会化监督，我们需要建立健全自上而下的纵向监督机构和由内到外的横向监督机制，通过立体建构，实现公共权力行使主体的社会化监督的动态、协调和长效。

（一）自上而下的纵向监督机构

首先，要建立专门的公共权力行使主体的社会化监督机构，让人民群众、舆论媒体、社团组织和政协等全程参与，实现自上而下的纵向监督，可以有效地对公共权力机关及其工作人员进行科学管理，层层审核，使公共权力行使主体的社会化监督在组织制度上、行动上得到保障，对于实现全面从严治党的有序、制度化管理也是至关重要的。借鉴党的历史上和现实中的成功经验、做法，参考西方国家某些制约监督的具体做法，结合社会主义市场经济条件下的新特点，建立、健全公共权力行使主体的社会化监督组织机构，对于有组织、有领导、有秩序、强有力的实施监督十分必要。

我国现有监察机关科学有效的工作机制尚未系统建立，相关责任机制并没有落到实处，不能充分有效地发挥其作用。我们可以在国家权力机关中直接组建人民监察委员会，赋予其更大的监督权力、监督形式、监督内容和监督手段，使人民监察委员会不但能监督党和政府的重大决策，还能积极指导公共权力行使主体的社会化监督组织；让部分监督主体可以实现常态化监督，使人民监察委员会对公共权力机关及其工作人员有更大的监督权力，同时要密切与人民群众、舆论媒体、社团组织和政协等的沟通与联系，实现公共权力行使主体的社会化监督主体之间的有效互动、联络，达到有效协作的目的，进而树立和维护公共权力行使主体的社会化监督的广泛性和权威性。

其次，建立公共权力行使主体的社会化监督综合协调机构，可以实现监督主体之间的沟通协调和科学指导，形成有机的监督整体。增强主体之间的有效协作，可以使整个监督机制更加合理、有序地运行，形成公共权力行使主体的社会化监督的整体合力。例如，可以加强人民群众、舆论媒体、社团组织和政协等与党和国家纪检部门、宣传部门之间的有效协作，在监督过程中，监督机关要加强同纪检部门、宣传部门的步调一致，组成有人民群众、舆论媒体、社团组织和政协等参与的专项联合监督小组，对人民群众所反映的权力滥用、违法犯罪行为问题，对公共权力机关行使权力的过程进行监督，增强公共权力行使主体的社会化监督的有效性和权威性，也只有加强公共权力行使主体的社会化监督主体之间的有机配合，相互协调，公共权力行使主体的社会化监督的整体合力才能得以实现。

最后，在公共权力行使主体的社会化监督进程中，要赋予共青团、妇联、居委会、村委会、企业大会、公司企业、学生等以监督的权力，例如可以在公共权力行使主体的社会化监督过程中建立专项内容监督员，与各级监督机关密切联系与配合。总的来说，需要建立起适合中国国情的、长效科学的公共权力行使主体的社会化监督机制和队伍，发挥整体监督合力，形成一个自上而下与自下而上相结合的全方位、宽领域、多层次、有实效的公共权力行使主体的社会化监督机制。

（二）由内到外的横向监督机制

1. 内层机制：建立权力运行公开机制

政务公开、保障广大人民群众知情权是有效进行公共权力行使主体的社会化监督的必要前提。公共权力机关权力运行的公开与透明度也是权力监督制约的关键所在。建立政务公开体制机制，可以把公共权力的运行置于公共权力行使主体的社会化监督之下，实现阳光监督，最大限度地减少权力运行过程中的"灰色地带"，保证公共权力运行的规范性、有序性和科学性。列宁提到："一个国家的力量在于群众的觉悟。只有当群众知道一切，能判断一切，并自觉地从事一切的时候，国家才有力量。"政务公开体制机制能让公共权力机关及其工作人员的一切行为和结果都处于公共权力行使主体的社会化监督之下，遏制权力滥用、贪污腐败、以权谋私、违法犯罪等行为。

在我国，政务公开体制机制并没有完全建立起来，还有很多的工作和内容要完善，但建立权力运行的政务公开体制机制是践行公共权力行使主体的社会化监督的必然趋势。只有实现政务公开体制机制，以公开促政务，以政务促廉政，把遏制权力滥用、贪污腐败、以权谋私、违法犯罪等工作上升到一个新的高度，才能使公共权力行使主体的社会化监督取得更加显著的效果。实现权力运行过程中的动态公开意义重大，能够真正实现公共权力的公开透明，有利于遏制权力运行过程中的各种违法行为，减少权力不被公共权力行使主体进行社会化监督的机会，消除权力滥用、贪污腐败、以权谋私等现象。

2. 中层机制：强化公共权力行使主体的社会化监督绩效考核机制

创新公共权力行使主体的社会化监督考核评价机制是提高公共权力行使主体的社会化监督有序性、科学化的重要措施，是深入推进预防和惩治权力滥用、贪污腐败、以权谋私等行为的必然要求。在现阶段治国理政的进程中，应将绩效考核的理念有效引入监督测评机制，围绕优化监督手段和氛围、加强反腐倡廉作风建设、提高公共权力机关及其工作人员工作效率等方面，加大公共权力行使主体的社会化监督、考核、整治力度，为深入开展公共权力行使主体的社会化监督奠定深厚的基础。

具体来说：首先要进一步完善公共权力行使主体的社会化监督考核制度体系。公共权力行使主体的社会化监督考核制度体系，是以系统性、可量化、科学化指标体系为标准，以严谨的大数据分析作为评估依据的系统工程。具体运转过程中，要实事求是，一切从实际出发，建立科学合理和可量化、可裁量考核要求的监督考核体系，建立以维护最广大人民根本利益和切实提高监督实效作为主要途径，以提升人民群众参与度、满意度为出发点的综合性考核制度体系，通过明确分工、强化责任主体，增强监督考核力度，形成制定、实施、评估、反馈、奖惩相结合的一体化监督考核制度体系。在这个过程中，要把人民群众、舆论媒体、社团组织和政协等的评议作为考核评价的重要标尺，建立公共权力行使主体的社会化监督评价机制和人民群众参与度、满意度指标体系，通过问询、建议、申诉、监督、评议等方法，实现公共权力行使主体的社会化监督由间接监督转化为直接监督，形成可量化考核与人民群众、舆论媒体、社团组织和政协等评议相结合的全过程监督考核制度体系。

3. 外层机制：全面深化完善公共权力行使主体的社会化监督监管机制

建立健全法治、合理、有序、长效的公共权力行使主体的社会化监督体制，发挥人民群众、舆论媒体、社团组织和政协等监督主体的作用，是推进全面依法治国、建设法治中国的必然要求，也是从根本上消除权力滥用、贪污腐败、以权谋私等行为的重要途径。公共权力行使主体的社会化监督主体构成较为复杂，完善公共权力行使主体的社会化监督的体制机制必须从我国的具体实际出发，坚持统筹规划、重点突出、循序渐进、整体协调的方针和政策，用联系和发展的眼光强化公共权力行使主体的社会化监督的方法和路径，努力从源头上遏制权力滥用、贪污腐败、以权谋私、违法犯罪等行为。

例如，可以建立健全民主的公共权力行使主体的社会化监督系统，对于多发、易发的权力滥用、贪污腐败、以权谋私的行为，运用现代化数据信息手段，积极建立网上公共权力行使主体的社会化监督平台，建立权力监督制约监察系统，与政务公开、监督效能考核、人民群众满意度等形成良性互动，形成对公共权力运行工作的全过程监督。通过权力监督制约监察系统对公共权力运行全过程进行监督，对于促进法治国家、法治政府、法治社会建设，提高监督效能、权力运行透明度及公开度，推进反腐倡廉建设都有着重要的意义。

三、"时空"结合，建构立体、动态的公共权力行使主体的社会化监督有机体

通过"时空"结合，建构公共权力行使主体的社会化监督有机体，就需要运用马克思的社会有机体理论来进行系统架构。马克思的社会有机体理论是将生态学和政治学有效结合的系统理论，建构公共权力行使主体的社会化监督有机体需要借鉴这一理论。作为公共权力行使主体的社会化监督有机体，需要将公共权力行使主体的社会化监督的各个主体有效结合起来，有机地组成一个系统的、立体的、动态的、可行的整体，包含在这个整体中的每个部分都应发挥它的独特作用，它们之间相互影响、相互作用、相互制约、相互促进，来保证公共权力行使主体的社会化监督的有效实现。马克思的社会有机体理论对于建构公共权力行使主体的社会化监督有机体有着十分深远的影响。

公共权力行使主体的社会化监督有机体中包含内、外部各种因素的相互作用，必须将公共权力行使主体的社会化监督的"时间"建构和公共权力行使主体的社会化监督的"空间"建构结合起来，通过"时空"结合，最终构建持续的、系统的、动态的、发展的公共权力行使主体的社会化监督有机体。

马克思社会有机体思想从人的本质属性是社会属性出发，具有整体性、

人民性、关联性、系统性的特点，社会有机体的整体性特征要求公共权力行使主体的社会化监督的全面性。社会有机体的人民性要求以人民为中心，把人的自由而全面的发展作为发展的根本目的和最终要求，这为公共权力行使主体的社会化监督有机体坚持以人民为中心提供了坚实的理论基础。要坚定人民当家作主的主体性地位，把维护好最广大人民的根本利益作为公共权力机关及其工作人员一切工作的出发点和落脚点，坚持以公共权力行使主体的社会化监督作为衡量权力监督制约工作的重要标尺，在具体监督的过程中，坚持仅依靠人民，一切为了人民，密切联系群众，充分地调动广大人民群众的积极性、主动性、创造性，发挥人民群众的智慧和力量，最广泛地动员相关组织和人员进行公共权力行使主体的社会化监督；还要进一步加强重点领域立法，加快完善体现权利公平、机会公平、规则公平的法律制度，保障公民人身权、财产权、基本政治权利等各项权利不受侵犯，保障公民经济、文化、社会等各方面权利得到落实。实现立法和改革决策相衔接，做到重大改革于法有据、立法主动适应改革和经济社会发展需要。

社会有机体的关联性要求社会发展的协调性，社会有机体的内容、原则、结构和机制体现了其整体性和全面性，有利于丰富公共权力行使主体的社会化监督有机体的路径和形式。马克思社会有机体思想为建立公共权力行使主体的社会化监督有机体提供了重要的科学指南、实践基础和内生动力。根据马克思的社会有机体思想，公共权力行使主体的社会化监督有机体还应表现为系统性，马克思社会有机体提示我们在建构公共权力行使主体的社会化监督有机体时，既要在宏观视角和监督主体相互作用中去深入了解监督主体，又要在全面认知中把握全局，系统实施，要充分认清公共权力行使主体的社会化监督各监督主体的具体性和相互之间的联系，从而实现对监督主体、整体布局和监督环节的系统性认识。

马克思社会有机体思想深刻揭示了社会在发展过程中的客观规律和内在逻辑关系，这为公共权力行使主体的社会化监督有机体全面有序发展提供了理论支撑和实践依据。马克思社会有机体思想不仅提到社会是一个有机的整体，而且认为社会是各种组成要素之间相互影响、相互作用、相互协调，具有特定构成、功能和效应的有机整体。组成社会有机体的各个组成部门和要素之间存在着内在的必然的联系，无论哪个要素和环节都必须要放在有机体中进行思考和研究才能真正领悟其功能和作用。在公共权力行使主体的社会化监督有机体中，我们不仅要重视公共权力机关的内部监督，也要认识到公共权力行使主体的社会化监督的重要性。一旦公共权力行使主体的社会化监督有机体的内在构成要素的相互关系被破坏，必将影响中国特色社会主义监督体系的健全完善。社会作为一个有机的整体，其各个组成部分之间，监督形式与监督形式之间要保持相互弥补、相互作用才能保证各监督主体之间的有效联结不被破坏，公共权力行使主体的社会化监督有机体才能真正构建。在推进全面依法治国、建设法治中国的过程中，一切国家机关、政党、社会团体、公民个人等都应该自觉遵守宪法和法律的规定，严格按照法定程序行使权力，真正把党的领导、人民当家作主和依法治国有机统一起来。

当前，我国正处于全面深化改革的关键时期，我们面临的问题很多，一些相对滞后的机制和功能会暂时存在于新体制之中，在具体实现过程中非常容易引发一些结构性不适应的问题，导致各种复杂的社会现象的出现，这就需要全面、有效、广泛的公共权力行使主体的社会化监督来加以应对。公共权力行使主体的社会化监督有机体作为社会有机体的一种运行状态，在监督主体中各组成部分以及组成部分相互协作的有效发挥和运行过程中展现出来的，政治、经济、文化、社会、生态文明建设等内容的合理布局和协调发展是构建公共权力行使主体的社会化监督有机体的关键所在。

第六章 公共权力行使主体的社会化监督路径论

在我国现代化的进程中，当封建意识十分浓厚、社会形态发展缓慢、经济落后、文化不发达的时候，人类简单的直白的非国家化追求和变革，并不能发生实质性变化，人们只能狂热地追求不切实际的民主政治幻想，国家机构、公共职能的有效建构往往会被忽视。反映在公共权力行使主体的社会化监督的问题上，人们往往偏向于自上而下的权力巡视和制衡而忽视公共权力行使主体的社会化监督。在相当长时间内，公共权力行使主体的社会化监督主体的独立地位并未真正确立，以致它与其他监督机制之间的效能联动总是无法很好实现。

第一节　公共权力行使主体的社会化监督的实践路径

人类不断进行的社会活动实践带动了社会的进步，体现了主观能动性和客观规律性的辩证统一。人类在适应社会发展的同时也实现了自身的进步和发展，这是有机统一的一个过程，也是社会不断进步的根本目的。社会生产力的发展虽然是社会形态不断向前的决定性因素，但是社会生产力的发展也需要现实的人的社会实践去完成，这也充分证明人民群众是历史发展的创造者，社会历史的发展在于"现实的人"。而社会经济、国家管理的最终目的是实现每个人自由且全面的发展。公共权力行使主体的社会化监督其本质也是在坚持以人为本的理念，公共权力行使主体的社会化监督的有效实践和戴明的PDCA工作原理紧密相连。结合戴明的PDCA工作原理，能够更加利于公共权力行使主体的社会化监督在实践中得以深入推进。

美国管理专家戴明提出的PDCA工作原理，在西方公共事业管理和企业管理中得以广泛推行。PDCA是英文Plan（计划）、Do（执行）、Check（检查）、Action（总结处理）四个词的第一个字母的连写。它的基本原理，就是在实际的管理工作中，要依次经过四个阶段和八个步骤来实现。四个阶段：①全面统筹、制定计划阶段（P），包括依据具体实际情况确定目标、路线和活动方案内容等；②贯彻执行阶段（D），包括集中组织人力、物力、财力等去执行方案，保证方案的有效实现；③检查修订阶段（C），包括对方案执行过程中的相关情况进行修订；④反馈总结处理阶段（A），包括总结成功的案例和失败的教训启示，并将没有更好处理的事项依次进入下一轮 PDCA 循环。PDCA 循环包括八个步骤：①根据不同的管理工作内容提出假设，收集相关线索和资料，提出计划并科学预测，进一步确定目标和工作方法。②依据确定好的工作目标和工作方法，进行预算评估，提出实施工作内容的方案路径，并优化选取。③按照方案方法路径，制订具体的执行计划和行动内容并下达指示。前四点步骤主要针对全面统筹、制订计划阶段。④根据制订好的方案方法，具体落实到相关组织、部门和人员，并按照制定好的目标、计划和进程等相关要求，全面落实执行。这是贯彻执行阶段的具体实施。⑤检查方案的落实执行，科学评价方案方法是否达到既定效果。⑥在实施过程中对发现的问题，要科学研判，找出问题出现的根源。这是检查修订阶段的主要任务工作。⑦对发现的问题提出具体的解决方案，要防止错误再次发生，好的经验要及时推广总结。⑧一些尚未解决的问题，要认真对待，依次进入下一轮 PDCA 工作循环并分析解决。这是反馈总结处理阶段的工作内容。

在具体的运用过程中，PDCA 工作法对于很多管理工作和管理活动都有着很大的借鉴作用，也符合管理工作和管理活动的内在规律。实际工作中，不仅企业管理经历 PDCA 循环的四个阶段和八个步骤，其他的管理工作也可以进行更好的借鉴。公共权力行使主体的社会化监督作为一种政治活动，作为一种特殊的权力监督制约行为，也要在具体的实施过程中经历这几个阶段，在不断的实施过程中构成一个完整的监督制约过程。公共权力行使主体的社会化监督在具体实现过程中要有所侧重，一方面要将具体的监督内容落实到位，又要实现各个程序之间紧密相连，环环相扣，充分体现公共权力行使主体的社会化监督的正当程序性。公共权力行使主体的社会化监督的正当程序，是与国家公共权力监督和制约过程的各个阶段相对应的监督活动的工作次序和工作步骤。显然，公共权力行使主体的社会化监督的程序是监督过程的内在活动规律的反映。因此，要有效合理地进行公共权力行使主体的社会化监督，应建立反映监督过程规律的基本程序。公共权力行使主体的社会化监督的程序一般包括确定公共权力行使主体的社会化监督实施目标、设计公共权力行使主体的社会化监督方案、选择公共权力行使主体的社会化监督方案、实施公共权力行使主体的社会化监督方案、评价公共权力行使主体的社会化监督效果这几个方面。

一、确定公共权力行使主体的社会化监督实施目标

目标是在人类社会实践活动所要指向的价值追求和在实施过程中所要达到的预期效果。目标是社会实践活动的出发点和归宿，人类的实践活动是社会性的物质活动，是预先明确方向和目的，并紧紧围绕方向和目标不断调整、控制、调节自己的行为，并在既定计划的调试中实现自己的目标和任务。任何一项管理工作和社会实践都在实现一定的预期成效，这就是目标。马克思对人类目标的目的性和计划性也有着具体的阐述："蜘蛛的活动与织工的运动相似，蜜蜂建筑蜂房的本领使人间的许多建筑师感到惭愧。但是，最蹩脚的建筑师从一开始就比最灵巧的蜜蜂高明的地方，是他在用蜂蜡建筑蜂房以前，已经在自己的头脑中把它建成了。"这就说明，人们的实践活动不同于动物，是有计划性和目的性的活动。人类的各项实践活动在具体实施前首先就是要确立目标。目标从根本上影响着、控制着、规范着人们的行动，作为一种明确的总目的，它是人类实践活动的行动指南，同样，公共权力行使主体的社会化监督的第一步也是首先确立监督目标。所谓监督目标，就是指在特定的民主背景和民主管理条件下实现权力监督制约要达到的结果和目的。明确权力监督制约的目标，是公共权力行使主体的社会化监督的首要任务。权力监督制约目标的确定，直接关系到公共权力行使主体的社会化监督的方向、价值和行为。正确确定监督目标，对于增强监督的主动性和自觉性，保证监督活动的有序开展并取得最佳的监督效益，

有着十分重要的作用。

为了使公共权力行使主体的社会化监督目标科学长效、准确可靠，必须经过以下几个环节的任务工作：

（一）客观分析，收集信息

信息的正确与否是管理工作能否有效开展的重要依据，是管理工作实施的前提。因此，确定公共权力行使主体的社会化监督的目标首先要搜集大量信息。公共权力行使主体的社会化监督的主体只有收集掌握公共权力内容、权力运行情况等各方面信息，特别是被监督对象的信息，才能确立起符合实际的监督目标。由于民主管理工作涉及的面广、情况多变、结构复杂、规模庞杂，因而在搜集相关资料的过程中不仅信息量巨大，而且对背景资料的收集也提出了更高的要求。权力运行、被监督对象等信息在收集过程中应注意以下几个问题：

（1）可靠性和真实性。在科学、全面、广泛的基础上，应收集公共权力内容、权力运行情况等信息的可靠性和真实性，这些信息必须如实反映实际情况。根据这些可靠信息，监督者才能作出正确的判断，进行监督计划和方案的制订。根据不真实不可靠的信息所作出的监督计划和方案，其负面影响、滞后效应甚至比没有进行信息收集的不利因素影响更大。

（2）全面性和广泛性。公共权力行使主体的社会化监督的指向与权力监督制约机制相一致。当代社会的一个显著标志就是国家权力的影响力无论在广度还是深度上都大大超过了以往的任何时代，权力监督制约的全面性和广泛性体现得尤为明显。在这种前提下，一方面说明了加强公共权力行使主体的社会化监督的必要性和重要性，另一方面也对公共权力行使主体的社会化监督的主体提出了更高的要求。公共权力行使主体的社会化监督主体要有效地对权力运行实施监控，就必须首先从宏观上广泛而全面地收集不同地区、不同部门、不同类型的权力主体在权力行使的不同阶段、环节上的信息，对其贯彻执行党和国家的路线、方针、政策、遵纪守法情况有一个全面完整的了解。

（3）系统性和连续性。要求监督信息收集者（组织机构和人员）作出主观上的努力，从时间和空间上把握被监督对象的实际情况、权力运行的进度，并能预测未来的权力运行轨迹和趋势，长期连续地积累，连续、系统地收集，保证收集到的信息能及时反映权力运行的状况，能反映在民主管理、公共权力运行的来龙去脉和计划收集、计划实施过程的全部有关监督的信息。

（4）及时性和高效性。信息在时间的推移中一定是有时效的，只有在有限的时间内，信息才能转化为价值，如若转换不及时，则失去效力，过时的信息在进行借鉴时就失去了效用。所以，公共权力行使主体的社会化监督过程中信息的收集必须及时，并及时传递、快速应变，才能体现其应有的意义。

（5）价值性和效能性。监督者在信息收集时是有针对性、有目的地进行信息筛选。而不同权力的运行、被监督者的信息更是多种多样的，再加上各种信息交迭而至，相互重复、有用的和没有意义的信息杂糅在一块，很容易让监督者应接不暇，无从下手。在有效收集信息的过程中，应理性分析信息。做到信息收集的广泛性、全面性和有效性，有选择、有针对地筛选有价值的信息。在收集信息时，监督者要有所甄别和比较，善于从海量的信息中有效选择那些对监督工作价值高、有效性强的信息。

（二）准确及时，发现问题

公共权力行使主体的社会化监督的基本功能和任务，就是消除权力运行过程中发生的各种问题，确保权力的正确行使和良性运行，如果没有问题，那就无须监督。因此，确定监督的目标必须针对权力运行中客观存在的问题，实际上，在前面程序中的收集信息也是为了发现问题。只有全面、及时、准确地掌握和了解被监督者的信息，才能对被监督者的行为状况作出正确的研判和评价，了解其工作的实际状况，发现权力运转过程中的问题。正如同医生为患者看病诊治时，总须先诊断好患者的病症根源所在，然后才能对症下药，解决问题。因此，监督者在收集和掌握权力运行、被监督者等信息的基础上，要善于发现工作中实际存在的问题。监督主体只有首先发现权力运转中的问题，才能有针对性地确立权力监督制约的对象和目标。我们在认识问题的过程中就是在检验有可能存在的各种问题，当出现偏差或偏离时，就需要及时调整，将问题最小化，高效解决问题。反过来，翻来覆去地诊断，却不对症下药，又会导致"分析性瘫痪"。这也充分证明，准确地发现权力运行中存在的问题，是确定监督对象和目标的关键所在。

监督者发现问题，主要是要找出被监督者在行使公共权力时的行为同国家政策、法律规章、制度机制、群众意见和现实诉求、社会道德标准等的差距。发现问题需要对症下药并不容易，而在此基础上确定真实问题则更容易出现偏差，必须要有正确的价值判断和更多的理性分析。美国的凯普纳和崔戈二人合创的"KT分析法"是目前有着广泛影响的一种问题式分析方法。这种方法是把发现的问题分阶段进行处理。首先，研判相关问题，全面把握问题出现的背景、时间、条件、地点、影响因素等，通过对来龙去脉的比对，弄清问题是什么、特征有哪些、性质是什么、范围涉及什么等。其次，科学分析原因，对发现的问题追根溯源。事物的产生、发展、变化都是原因与结果的辩证统一。只有查明来龙去脉，才能从根本上充分发挥公共权力行使主体的社会化监督的作用，发现问题，解决问题，否则单纯地发现问题，头痛医头，脚病医脚，只能是疲于应对。对发现问题追根溯源，要全面准确，将客观因素和主观因素都要摆出来，不能偏颇地、主观地进行人为臆断，应客观地、实事求是地查清原因，找到问题出现的根本原因。正如医生看病诊断，就需要有针对性，药到病除。只有问题和问题出现的根源找到了，就能够依据实际情况、现实诉求和制订的计划来进行研判和决策，明确解决这些问题要达到的具体成效。

（三）综合考量，确定目标

在分析问题、发现问题后，就要着手确定公共权力行使主体的社会化监督的目标。监督的目标可以根据不同情况分为多种类型。从重要性层面来看，有战术目标、战略目标等；从时间维度来看，有远期、中期、近期目标等；从范围涉及面来看，有局部目标、整体目标等。无论是什么类型的目标，在监督实施的过程中都应当考虑以下方面：

（1）力求明确、具体。公共权力行使主体的社会化监督的目标应该是具体的、直接的，把要点突出出来，不应当产生歧义和发生误解。在具体监督的实施过程中应有针对性的时限和具体指标，公共权力行使主体的社会化监督的评判标准应可以量化，如果没有可以量化的指标和标准，监督所指向的目标就会含糊、抽象，实施时就只能流于表象，无法进行科学决策。

（2）目标必须具有实现可能性。监督者在确定目标时，要根据实际情况做出选择。这种选择的目的更多的是为了解决某一问题，但在监督目标确定时不能仅仅局限于眼前或为了达成某个目标的短期行为，关键还是要看该目标是否具有实现可能性。在确定公共权力行使主体的社会化监督的目标时，要统筹客观环境和主观因素进行科学分析，确定对既定目标实现的各种影响因素，只有这样才能使确定的目标真实可靠。当存在短视行为，目标过低，不能有效地对被监督者进行时，也会损伤监督者的积极性和创造性；在监督实现过程中如果对困难估计不充分，无法实现，不切实际，也很容易挫伤监督主体的主动性。

（3）任务和目标要正确。公共权力行使主体的社会化监督的目标要符合监督活动有序开展的目的。无论是个人还是组织，在监督过程中都要依据目标来实施。全心全意为人民服务是中国共产党的根本宗旨，要真正地做到为人民服务，为人民谋利益，给人民带来幸福。与此相应，社会主义条件下，公共权力行使主体的社会化监督的宗旨是促使权力朝着符合人民的根本利益的方向运行。也就是说，使权力的运行能够在监督制约之下，能够有利于解放和发展社会生产力，有利于增强国家的综合国力，有利于提高人民的生活水平，有利于社会主义民主政治的建设，有利于保障人民的民主权利。因此，监督的目标在内容上的思考和制定必须满足以上相关要求。

二、设计公共权力行使主体的社会化监督的备选方案

确定公共权力行使主体的社会化监督目标就是要研究和拟定实现监督者在权力监督制约中实现既定目标的各种路径和方法,这就需进入拟定监督方案的阶段。研究和设计公共权力行使主体的社会化监督备选方案,是关系能否实现监督目标的关键环节之一。监督方案的选择是监督目标实现的可操作化、具体化,单纯的制订目标并不能落实监督行为的实现,只有依据监督目标,科学制定监督方案,才能实现公共权力行使主体的社会化监督目标。

设计公共权力行使主体的社会化监督的备选方案,首要任务就是根据权力运行机制以及被监督者的背景、数据、信息等,按照公共权力行使主体社会化监督的目标,制订多种备选方案,在分析问题、解决问题的基础上量化可以达成监督目标的路径方法,为最终选择一个最合适的监督方案做好准备工作。没有多个监督方案的对比就无法在方案选取中辨别优劣、好坏,这就需要在比较中确定最佳方案。为保证方案的可选择性,就需要拟定多种可行性方案,在科学对比中找到最合适的方案。公共权力行使主体社会化监督不是简单的监督形式,需要考量各方面的因素,在研究权力运行、监督制约、设计备选方案的过程中,应当尽可能地针对实际情况选取较多的方案和对策。对于监督者来说,负责拟定方案的整体系统要统筹兼顾,不应直接把简单的初步方案直接交给决策者和执行者,应经过斟酌商议,将一些不切实际、流于形式的方案及时淘汰。在数量角度来看,没有两个以上的备选方案是难以进行科学决策的。在制订备选方案时,也不意味着越多越好,过多的公共权力行使主体的社会化监督备选方案会对监督实施造成更多困扰。制定备选方案,就需要经过科学考证、量化分析,没有科学考证,监督方案就会良莠不齐,粗制滥造。同样对于决策者而言,过多的备选方案也会混淆视听,造成选择中的错误,起不到实施监督方案的目的。

公共权力行使主体的社会化监督的行动方案，根据作用和影响范围大小的不同，可以将方案细化为临时性方案、应急性方案、建设性方案等几种。临时性方案，是在监督过程中对引起问题的原因尚未弄清但又急于处理的问题作出的决策，所遇到的情况一般都是突发性的问题，处置方式一般是以临时性举措暂时性解决问题。应急方案，是在正常监督行为行使过程中发生意外变化时应急用的方案，内容包括各项防范措施和应急性措施等，这类方案常和积极方案一道共同保证监督目标和方案的实现。建设性方案，是从积极、主动的角度保证监督目标正确的方案，内容包括各项主动性、积极性举措。

拟定公共权力行使主体的社会化监督方案，一般可以通过两个阶段来实现：

第一阶段，初步草拟阶段。初步草拟阶段只要求提出监督方案的大体雏形，提出简单的设想。可以从权力运行的背景、被监督者信息中找到易于实施、操作简单、具有可行性的方案。要把有可能想到的方案都可以提前假定好，实现拟定方案的设想周到、轮廓清晰、形式多样，这对监督者制订方案提出了更高的要求，需要发扬监督者的创新精神，不断探索实践，集思广益，打破常规，改变人云亦云、墨守陈规的已有习惯。头脑风暴法、德尔菲法等研究成果就是西方管理学者利用管理学、心理学等对人在创造性活动中的心理过程、心理特征及心理障碍的研究中产出的成果，这些在公共权力行使主体的社会化监督中都值得推广和应用，当前我们举办的调研交流会、经验分享会、网络云端会议等也是启发思维、形成监督方案的组织形式。初步草拟阶段可采用资料收集、预测、数学计算、逻辑推理、联想等方法，不断更新知识内容和监督体系。

第二阶段，精心设计阶段。精心设计阶段就是把每个监督方案的框架脉络都能系统、充分、具体地展现出来，在精心设计阶段就需要各种问题全面摆出来，例如有哪些困难、需要什么样的条件、有什么样的负面影响，需要面临什么样的环境和条件，实施结果会呈现什么样的局面等。在考量这些问题时，我们既要使用定性分析的方法，也要使用定量分析的方法。通过定性和定量分析实现监督方案的内外评估，做到监督方案制订得科学、有效和可行，这对制订者的各方面素质也提出了很高的要求。在方案制订的过程中要实现客观、认真、冷静的分析。做到方案的制定能考虑得更加全面、周到，经得起反复推敲和使用。在经历了一系列的精挑细选，又实事求是地对一些方案进行淘汰后，余下的各个方案也可以进行有效整合，做到相互弥补、取长补短，在相互补充和完善中，形成可行性更强的综合方案。

为了保证公共权力行使主体的社会化监督方案的科学合理，在研究和设计方案时，必须充分重视以下几个因素，即监督方案本身的时效性、可行性、目的性。就某项监督方案的设计而言，如果三个变量都能达到理想的指标，则是最佳的方案。

第一，时效性分析。公共权力行使主体的社会化监督方案需要高效率地、及时地实现既定监督目标。高效率进行民主政治和民主管理，是现代民主活动的出发点和归宿。公共权力行使主体的社会化监督作为国家权力监督制约的一项重要职能，要力求效率。提高效率，增加可行性，才能及时有效地发挥公共权力行使主体的社会化监督对国家权力的制衡、约束、制裁、惩罚等功能，确保公共权力行使主体的社会化监督目标的实现。因此，在设计监督目标实现监督方案的过程中，要综合各种因素对影响监督效率的诸多方面进行思考，充分体现哪些因素有利于提高监督的效能，哪些因素会造成监督效率较为低下，通过分析比对，采取相应对策，选择最有利于提高监督效率的手段和方法，去除一些没有意义的监督行为的桎梏。在目标已定、方案层层筛选的前提下提高监督效能，大大增强公共权力行使主体社会化监督的效果。

第二，可行性分析。公共权力行使主体的社会化监督方案是否具有实施的可能性，是否能达到既定的效果，这也是拟定方案重点考虑的问题。众所周知，设计公共权力行使主体的社会化监督的备选方案，一般经历的过程就是首先根据搜集到的信息提出假设，假定性想法是检验监督方案是否可行的关键。为了使这种假设符合客观实际，具有实施的可能，必须对备择方案的可行性加以考察和评价。要强化信息公开"刚性约束"，对公开的目的、原则、范围、限制和不公开的责任等有明确的规定，使知情权有确实的保障。监督方案可行性分析的内容很多，例如监督方案在实施过程中各种客观、主观影响因素，包括人力、物力、财力等是否到位，监督方案在实施过程中一系列突发影响，监督方案实施过程中的实际效果等。通过思考、论证、分析，确定监督方案的可行性。一个具有可操作性的公共权力行使主体的社会化监督方案除了要考虑在监督过程中所必需的主客观因素外，还应具有一些民主管理的性质和特征，例如法律上是否合法、政治上是否合格、经济上是否可行等。法律上合法是指监督方案必须符合国家的宪法、法律和行政法规等一系列规章制度的规定，不能与现行宪法、法律相违背。政治合格是指监督方案要符合党和国家的政治路线、政治原则，就是要符合党和国家制定的各项路线、方针、政策。经济上可行是指监督方案必须有利于节约成本，节省人力、物力、财力，以最低的成本换取最大的成效。

第三，目的性分析，就也是实效性分析。目的性是指有利于公共权力行使主体的社会化监督目标的实现，能产生积极的监督效能。公共权力行使主体的社会化监督的方案是监督目标的具体实现，是围绕既定目标制定的，也就是说所制定的一系列监督方案都是为实现监督目标设置的，因此，监督方案的科学设计要考虑公共权力行使主体的社会化监督的目标是否有利于增强监督的效果。若监督目标和监督方案联系程度并不紧密，与既定目标相背离，制订出的方案也是形同虚设，无法实施。我们要尽可能减少无效、无果的监督方案。美国著名管理学家西蒙认为，管理理论在探索建立的过程中，往往把高效率作为第一要素，高效率的方案就是好的案例典型，现代管理决策理论则不然，它把实施效果的好坏放在了重要的位置。效果好成为现代管理理论选择方案的首要因素。无论效率还是实施成效，对于监督方案的制定都有着重要的参考意义，二者不可偏废。单纯地考虑效率，就如同开车只关注速度快，起步早，效率高，但是一旦方向出现问题，就会南辕北辙；同样只关注方向，不去关注速度和马力，往往又拖沓冗繁，效果也很难实现。西蒙的管理理论对于公共权力行使主体的社会化监督方案的制定有着积极的借鉴意义。在制定监督方案的过程中，只有思想准确，目标清晰，方案可行，监督的实际效果才能达成。我们在设计监督方案时，必须首先要思考所选择和制订的监督方案同既有目标之间的距离，在具体实施监督方案的过程中，要实事求是地看到监督方案有没有按照计划执行，监督者对被监督者的监督制约是否起到了预想的效果，这一切都要通过实践来进行检验。通过备选方案与实施结果的分析、对比才能更好地验证该方案是不是真的有成效，合乎一开始确定的监督目标。

三、选择公共权力行使主体的社会化监督方案

预先指定备选方案，是为了在选择监督方案时有更大的可能性。在正式选择时就必须要区分监督方案的可行性、正确性，通过分析确定方案的优劣等次。监督方案的选择要科学评判，有的监督方案在实现监督目标的过程中代价大、效率低、副作用大、时间长；有的监督方案正好相反。在选择公共权力行使主体的社会化监督方案时就要经过权衡利弊、分析差异，选出最佳的监督方案。选择监督方案是公共权力行使主体的社会化监督的关键一步，影响很大。而在各项内容的分析比对中作出正确的选择很复杂，也很困难。因为在进行公共权力行使主体的社会化监督时，方案只能选取一种，一旦选择失误，不仅会耽误监督的效果，也会对公共管理的监督和制约造成更长远的负面效应。在进行监督方案选择时，一定要进行层层筛选，监督方案的制订和实施都要有理有据。监督方案在选择中要做好做准，就需要明确选择监督方案的标准，更需要有科学合理的方法。

（一）监督方案选择的标准确定

如何从备选方案中选取最合适的监督方案？最直接的方式就是通过对比目标、对比方案之间，通过科学评价来分析优劣。而评价、对比备选方

案需要有统一的标准和尺度来进行衡量，没有统一的标准和尺度，不按科学标准进行评价，方案选取也就没有办法落实。

1. 满意度指标测评

美国管理学家西蒙认为，最优或者说最佳只能在理论层面或者数学层面抽象地存在着，在现实的人类实践活动中是不可能有的，人类实践活动中合理的、满意的答案是大量存在的。这也表明，一方面要找到最优、最佳很难做到，甚至不可能；另一方面人们看问题的角度不同，对优劣的评价标准也是不同的。西蒙认为：应该用"满意度"来取代"最优解"，只要达到满意度即可，没有必要寻求最优。西蒙的见解对于监督方案的选择有着很大的帮助。就公共权力行使主体的社会化监督方案来说，满意度指标测评很重要，"最优"监督方案的选择是相对的。有的监督方案看起来最优，但只是暂时的或者说对某局部适用，而长远来看或对另一局部或整体就不一定适用；有的监督方案在短期应用中效果不错，而长期应用就不一定取得很好的成效。在监督方案选取时，通常可以用满意度指标测评来衡量公共权力行使主体的社会化监督方案的好坏优劣，决定方案的选取。

满意度指标测评是指监督者从客观实际情况出发，根据权力运行的客观现实条件，有针对地选一个相对满意的结果。满意度指标取决于监督者对权力运行的客观现实条件的充分分析。因为不同权力运行状况是不一致的，兼顾各方面的利益和情况几乎不可能。如果监督过程中左右兼顾，往往代价很大，经过长时间的实施，效果收效甚微，起不到对权力的监督和制约，等于在做无用功，这样的方案显然不能成为选择；相反，如果效果很好，但风险太大，造成的影响不可估计，这种方案也能选择。所以，实施监督行为的决策者需要从利益、代价、风险、条件等几个方面通盘考虑并加以取舍，对于监督方案的实施要考虑方方面面，辩证取舍，以满意度指标为前提选择较为满意的监督方案。在监督方案的选择中，不是单纯地用满意取代最优，方案选择不能以个人的主观意志去代替客观标准，满意度必须建立在对客观标准的充分认识的基础之上，因为满意标准并不是最好和最优为标准，重点突出了最优的相对性一面，要全面地、灵活地看待满意度指标。

2. 价值性指标测评

价值性指标测评是监督方案选择的重要依据之一，在监督方案中首先确定各项监督标准，把握监督的侧重点，进行全面评判。监督方案可行性的大小主要从以下几个方面来体现：

（1）监督方案是否体现了监督实施的最大效能。监督方案的取舍应体现出公共权力行使主体的社会化监督最直接的效应。监督效应包括政治效应和经济效应两个方面。从政治效应来看，通过监督方案的后续实施有可能产生的民主政治和民主管理影响来进行分析，如果能够产生良好的监督制约，就有了良好的政治效应，反之，则没有产生政治效应。从经济效应来看，就是通过价值分析、价值判断、价值工程等因素，在成本和效应的相互关联中寻找监督方案的可行性和经济性，也就是将监督实施方案的付出和应用进行关联、对比，如果监督方案付出小于应用，就证明该监督方案是可行的，在实际中可以有效开展。反之，如果产出多于应用，就不具备可行性，在实际中应当引起警示。

（2）监督方案是否更有利于监督制度和措施的有效施行。监督方案的价值定位不仅要求政治效应、社会效应达到最好，最关键的还是要去应用，具有可行性。监督方案的可行性，就是要依据指定的目标、方案进一步确定可以使监督方案有效实现的计划，而且在执行监督方案时能够比较顺畅、能够真正起到权力监督和制约的作用等。

（3）监督方案是否有利于既定监督目标的达成。监督方案的可行性一直是监督方案选择的重要衡量因素，是达到目标的重要方式，监督方案的选择上从原则上讲也是达到既定监督目标的最好的路径。如果在各个监督备选方案的比较中，某监督方案推动既定目标的实现并不是最适合的，而其他监督方案又无明显的长处，那么显然就不应该采取这一方案。监督程序工具性价值要求程序能够最大限度实现监督实体效果，但监督意味着对行政权等公共权力的约束和限制，权力的扩张特性决定了其出于本能对监督的抵制和反抗，要把握监督的度。

（二）监督方案的科学评选

评判、选择监督方案的过程，实际上也是一个审视公共权力行使主体的社会化监督的过程。为了保证评判、选择的科学，必须要依靠有关权威机构、组织和专家的助力，组织权威机构进一步分析、论证监督的备选方案，充分地比较各个监督备选方案的优劣，在评判时选用科学的评选方法。评判、选择监督方案的基本方法主要包括定点试验法、数学分析法、经验判断法。

1. 定点试验法

公共权力行使主体的社会化监督在实施过程中不可能像实验室那样通过程序化的手段就能得出科学的结论，在监督备选方案的选择中，有时候即使是经过了反复比较、讨论、分析，仍然无法对监督的效果进行科学判断，在这种情况下，我们可以通过定点试验法来对公共权力行使主体的社会化监督的方案评判。在实际操作中，不需要每个方案都要进行定点试验法，这要根据实际情况做出正确的选择。在监督方案的具体选择中，当监督方案已经通过筛选只剩下一两个监督方案还不能最终确定时，这些方案经过初步筛选都具有可行性，此时就可以采用定点试验法进行有效测评。

定点试验法在进行方案评选时应注意以下方面：

（1）监督方案的定点试验无论成败，都应认真研判、分析，做出专业判断，在方案选取时要正确分析哪些是公共权力行使主体的社会化监督必需的内容，哪些是公共权力行使主体的社会化监督可有可无的内容，以便后续对监督方案进一步完善和修订。

（2）当监督方案涉及不同部门、单位、组织时，要科学选择多个试验点，严格按照监督方案来执行，只有多方面入手、严格执行才能发现问题并及时解决问题，这样也有利于发现监督实施过程中利弊得失，真正做到从整体布局入手考察监督方案的可行性和科学性。在实际的监督制约过程中，有些单位或者个人患得患失，从中作梗，扰乱监督机制的实现，这种行为也充分体现了公共权力行使主体的社会化监督的必要性，对于这种不良行为就要从严处理。

（3）试点方法应设立参照标准，在实施过程中要将调查研究与试验点情况有效结合起来，比较不同做法、不同结果、不同效应，这样才能看出监督方案的可行性、科学性以及达成目标维度的有效性。

2. 数学分析法

数学分析法就是通过数学思维、数学建模、数学方法对能够进行量化的监督计划、监督方案进行数据分析、全面研究，进一步得出最佳方案的过程。这种数学分析法主要适用于那些特殊性岗位、能量化又比较复杂机构的监督方案。其主要是建立监督方案的数字化模型和手段，把数学量化值与目标维度相连接，用数量关系、数学公式量化分析，并得到监督模型、监督数据，并对监督结果进行考核评判，选出最终的监督方案。

3. 经验判断法

经验判断法是指监督者根据自己以往的经验和掌握的材料经过科学比对，作出判断，这种方法一般适用于对结构比较简单的组织进行监督的方案。使用经验判断法，对监督者自身的要求会比较高，监督者个人的性格、素质、能力、知识结构、经历等都起着至关重要的作用。常用的经验判断法有：一是利弊分析法。监督备选方案在实施过程中各有利弊，必须加以利弊分析。"两利相权取其重，两弊相权取其轻"便是利弊分析法的核心要义。经过利弊分析，在监督备选方案中选出最优的方案来实现。二是淘汰法。在监督实施过程中把那些不能在实际中应用的和不符合监督实际的备选方案进行筛选，淘汰法的目的就是缩小监督范围，最终获取监督方案。三是分类法。就是先把多种监督方案按照不同的类型进行有机分类，然后从监督备选方案中选出两个最适合的方案，全面比较，选择最佳；或者从各类比较中选出四类，在同一类方案中比较，选出最好的方案。四是排队法。通过科学评判，把监督备选方案按主次关系依次排序，通过方案比对，一一筛选，排在靠前位置的方案就是最优方案。但有可能在排队时出现两种监督方案不相上下的情形，在这种情况下，可以通过引入权威机构或专家评判，给各监督方案进行有效评估，以权威论断或结果作为选取的标准。利弊分析法、淘汰法、分类法、排队法都各有优势和局限性，在实际运用过程中，应有效结合，加强分析，从而更有助于进行科学评判。

四、公共权力行使主体的社会化监督方案的有效实施

经过科学收集、系统分析和取舍后，最优的监督目标和方案就出现了。有了最优的监督目标和方案不等于有了监督效能。监督行为在没有完全生效前并不会产生监督的预期效能。这正是由于监督方案没有得到正确的执行。公共权力行使主体的社会化监督方案的正确实现，直接影响权力监督预期的效果。公共权力行使主体社会化监督的执行过程必须程序化、科学化，这样才能保证监督方案在不容任意变更的、特定的进程中得到有效的贯彻。公共权力行使主体的社会化监督方案的有效实施主要包括监督计划的确立、监督力量的系统组织、监督过程的有效控制等几个环节。

（一）公共权力行使主体的社会化监督计划的确立

任何一项监督方案，不能仅局限于提出目标和确立目标。监督方案在制订和规划时不但要能操作和可实施，还要制订具体的监督计划。监督计划与监督方案的侧重点有所不同，监督计划是执行监督方案的每一步安排和步骤的具体设计，它主要围绕如何合理组织人力、物力、财力，安排好具体进度、如何在监督过程协调各方关系等内容，而监督方案则是监督计划实现的统筹部署。监督方案是指导性的，监督计划是流程性的。监督计划的制订是对监督过程在未来某个节点的科学规划，清晰表明通过什么方法、在什么时间、运用多少人力物力财力、采用哪些路径等来达到既定的监督目标。对国家权力运行过程进行社会化监督，必须根据监督的目标制订出科学、严密的计划。

公共权力行使主体的社会化监督计划一般可分为总体性计划、局部性计划、阶段性计划。总体性计划实际上是贯穿公共权力行使主体的社会化监督方案的全过程。监督方案的实施需要一个过程，不能一蹴而就。同时，

在监督方案制订过程中尤以那些情况特殊、结构复杂的监督方案要引起足够的重视，在实施中还要编制监督内容的具体计划，这就是局部性计划。在制订监督计划时要根据监督方案所处的具体阶段，编制在监督每一阶段的具体执行计划，即阶段性计划。在编制监督计划时，应注意以下几个问题：

第一，注意监督计划的完整性。公共权力行使主体的社会化监督机制是一个由多种组织、机构、人员组成的庞大监督体系，作为指导公共权力行使主体的社会化监督活动开展的监督计划，在编制时一定要全面统筹各个构成部分之间的内在联系以及相互关系，同时还要考虑监督计划所要针对的对象之间的关系，按照它们之间的内在关联进行科学统筹。例如，就公共权力行使主体的社会化监督体系本身来看，就要考虑好各个监督主体在监督的不同阶段之间的互相衔接问题、整体性监督计划和局部性监督计划之间的关联以及阶段性监督计划之间的关联问题等。就公共权力行使主体的社会化监督体系与其他系统的关系看，就要处理好监督计划与民主管理、政治建设和法治建设、社会经济建设、生态文明建设等之间的关联。

第二，注意监督计划的适应性。任何监督计划都是着眼于未来的。监督计划根据其特点来看时间有长有短，但不论远近，都是针对未来的监督计划与安排，而不确定性又会影响监督计划的有效实现。在制订监督计划时，要在整体谋划上考虑各个监督环节的可调节性和弹性，特别是在重要的时间节点上保持监督的可操作性，以便进行及时调整，正确应对。监督计划作为有效监督的指向，维护监督的权威性和严肃性，保持监督的相对稳定性是非常重要的，但权威不等于不能更改，严肃不等于墨守成规，稳定不等于一直不变。毕竟一切事物都处在运动变化发展的过程中，必须要辩证地去看待。随着客观条件的变动和具体情况的变化，一开始制订好的科学的监督计划就要根据实际情况做出科学调整，这就需要在制订监督计划的开始保留一定的调整空间，便于随时能够进行调整，从而实现公共权力行使主体的社会化监督具有适应性和应变性。

第三，注意监督计划的针对性。公共权力行使主体的社会化监督计划是在研判、调查的基础上监督者通过系统思考构建出来的实现既定监督目标的科学模型。编制监督计划必须紧扣公共权力行使主体的社会化监督的目标，也就是要针对公共权力运行过程中存在的问题、发现的问题开展监督的具体步骤、措施。编制监督计划要加强调查取证，对权力运行情况、被监督者的现实状况及有可能的发展趋势作出科学评判和决策，否则，监督计划在实施过程中就有可能脱离实际，失去了原有的意义。

（二）动员组织、动员监督人员

任何监督方案的实施都要靠人来实现，一定的人力、物力、财力的耗费是必然的也是必须的。没有人力、物力、财力为监督做保障，监督方案即使有也很难实施。因此，做好公共权力行使主体的社会化监督力量的组织、动员工作，是实施监督的前提和基础。

从监督主体的人的角度来看，重点要落实实施公共权力行使主体的社会化监督的组织、机构和人员，明确他们各自的任务、职责，充分调动他们的积极性、主动性和创造性。

第一，确定公共权力行使主体的社会化监督的实施主体。人员配备方面首先要确定由哪些组织、机构、人员来实施监督方案。公共权力行使主体的社会化监督系统内部的不同机构和人员分别具有不同的职责和权限，应根据实际情况和具体分工选定，落实实施监督方案的主体人员和责任。

第二，落实具体监督组织、机构和人员的监督责任。权责清晰是公共权力行使主体的社会化监督的重要内容。要将监督任务细化分解，将具体任务目标科学分配给相关监督机构和监督人员。在实施过程中，决策者、决策机关要给监督机关和监督人员明确监督的职责权限，科学分类任务、分配时间、分配人员、确定监督各项关键指标。在分配权力时，要目标到位，责任到人，将权力和权利有效地进行结合，权责明确要实现。在具体布置时首先要构建科学严格的责任指标体系。既要分配明确的任务给监督者，又要清晰地表明达到监督目标的系列指标。这样落实监督责任才能落实到位，做到赏罚分明、从严考核。监督责任指标体系的建设标准要注意不同工作、不同部门的特殊性，不能一概而论。要将责任指标体系设置合理科学规范，掌握好责任指标体系的区分度，一切从实际出发，过轻、过重的责任指标体系都不科学。其次，有关监督法规制度要建立健全，实现其既能保护执行者，又能依法惩处失职者的合法权力。

第三，监督目标的指引评价工作要落实，使监督者能更好理解和接受任务。这是充分调动监督者积极性、主动性的重要一环。监督目标有效实现是要被人们所接受并服从，如果人们不信服，监督就无法从根本上调节、控制、规范人们的行为。对于实施监督方案的各执行主体来说，其个人素质也影响着监督目标的实现，因监督者在价值取向、知识水平、利益关系、信息来源等方面各有不同，有的监督者自身就很难理解和接受监督目标，或有的监督者站在个人利益出发主观地接受和理解，并不能深刻理解，长此以往就会让监督异化甚至失去效用。避免这些情况，就必须做好公共权力行使主体的社会化监督的广泛宣传和解释工作，监督的宣传要达到既定的目标，依据的确立也要明晰，实现目标的重大意义也要传导到位等，使监督者领会监督的价值所在、监督内容和原则立场，从而转化为整齐划一的监督意识、监督意志、监督责任等，充分发挥监督者自己的优势，减少盲目性，增强监督行为的科学性。

第四，各监督机关、监督人员及其各监督要素的协调工作要充分做好，实现监督者在时间和空间上保持监督过程的连贯性。监督过程中当存在争议较大的事例时，应由决策机构、组织引入第三方机构进行评估，充分听取各方意见，协调决定，不能久拖不决。健全依法维权和化解纠纷机制，建立健全社会矛盾预警机制、利益表达机制、协商沟通机制、救济救助机制，畅通群众利益协调、权益保障法律渠道。完善立体化社会治安防控体系，保障人民生命财产安全。从纵向实施角度来看，公共权力行使主体的社会化监督活动无论是整体的、宏观的监督，还是局部的、微观的监督行为，参与监督的机构、部门和人员都非常多，涉及的关系也会十分复杂，在监督过程中如过不能有效协调，就很难保证相关机构和人员能科学有效地为实现监督目标付出努力。理顺不同监督机构和人员之间的内在联系，明确他们之间的分工协作关系，解决部门和部门之间、人员和人员之间的存在问题，显得迫切而又重要。从横向角度来看，权力的运行的机构与机构之间，部门与部门之间，包括从权力承担者、权力实施者、权力监督者的产生、监督目标的确定，监督的实施，到权力监督的结果评价以及实施反馈的全过程。这也决定了公共权力行使主体的社会化监督分为事前监督、事中监督和事后监督三个阶段。这样来看，就有一个不同时间、不同阶段、不同部门之间的监督工作如何全面统筹的问题。如果统筹不好，不同阶段的衔接工作不到位，监督的目标也就无法实现。因此，公共权力行使主体的社会化监督的协调工作应包含不同时间、不同部门、不同阶段科学配备监督力量并使不同时间节点的监督工作更有效衔接的问题。

除了要做好公共权力行使主体的社会化监督的机构、组织和人员等的协调组织工作外，还要做好后勤保障方面的准备工作。"巧妇难为无米之炊"，监督机构、组织和人员在执行监督计划和监督方案时，离不开一定的物质条件。首先是要有监督经费做保障，没有经费支持，仅仅依靠监督计划、监督方案、监督机构和工作人员，监督工作也很难有效开展。在进行监督工作中必须科学编制预算，将监督过程中各个项目所需的开支经费数目一一落实，充分保障经费。具体来看，实施监督的物质条件体现在财物上，就要有最起码的文书档案、大数据手段、办公用品等。为适应大数据时代，监督工作使用的装备和系统也要与时俱进，体现在通信方面，如网络、电话、电视、指挥系统等都要配齐；在文书方面的传真机、速写机、复印机等；在计算方面有统计机、高速计算机等。这些现代化的工具，可以更好地为监督活动的开展提供良好的工作条件，以提高监督工作的实际效率。

（三）监督过程的全面控制

公共权力行使主体的社会化监督活动的基本特征是：这是一个连续的、长效的、科学的、系统的监督过程，并非是简单的、短期就能实现的活动。为了实现监督方案的整个活动过程都能够紧紧地围绕既定监督目标来进行，必须加强对整个监督过程的控制，以便根据实际情况及时有效地采取措施，消除公共权力行使主体的社会化监督过程中发生的各种偏离监督目标的现象，以保证监督目标、监督计划和监督方案的实现。这就是公共权力行使主体的社会化监督过程中的控制。

对实施监督方案的过程进行控制，主要从以下方面入手：

第一，依据公共权力行使主体的社会化监督既定计划，对监督过程中有可能出现的偏差进行及时修订，获取监督过程中得到的实际结果与监督指标评价体系之间的差距。在具体实施中的方法主要包括：现实调查，即在监督计划具体实施过程中对被监督者的计划、行为、结果及权力的实施进行分析研究，了解检查相关机构、组织和人员对权力运行责任落实情况与实际工作效果的差异，将分析得出的调查结果与相应的监督指标评价体系进行对比，找出不足和问题，为下一步采取更合理的行为和举措提供依据；预测分析，通过提前研判，在实际问题出现之前，科学做出预测，有效预见问题出现的大小和偏差，并即时采取有效的预防控制方式。

第二，及时采取措施有效调节。这是真正体现公共权力行使主体的社会化监督有效控制的步骤。同时也是有效针对监督行为、监督方案、监督过程的实时调节。在采取措施的过程中，可以判断权力监督的偏差性质和层次，确定问题的程度和职责范围；找出问题出现的全部原因并根据其影响大小科学分析，确定问题和偏差产生的根源，并在此基础上制订解决问题、纠正偏差、科学控制的具体行为。

五、公共权力行使主体的社会化监督的效果评价

公共权力行使主体的社会化监督的效果评价就是对监督方案的实施情况进行总结。在实现过程中，把监督活动、监督结果放在党和国家的政策原则上加以全面统筹、科学考量，从长效性、可持续性角度来全面测评，检查一下监督目标、监督工作是否如期完成，有哪些经验，有哪些问题，有哪些缺点，有哪些收获，有哪些创新等。评价公共权力行使主体的社会化

监督的效果是整个监督环节的最后一环，一般都在监督目标实现之后进行，它标志着原有的监督活动告一段落，另一个新的监督行为、监督过程即将开展，在公共权力行使主体的社会化监督中是非常重要的一步。通过一系列评价活动和效果反馈，总结经验，反思问题，为下一步更好地进行监督获得宝贵的经验和方法，公共权力行使主体的社会化监督工作也会更进一步。恩格斯说："伟大的阶级，正如伟大的民族一样。无论从哪方面学习都不如从自己所犯的错误的后果中学习来得快。"这就告诉我们，只有善于总结，特别是对缺点和错误进行检讨，才能不断提高公共权力行使主体的社会化监督工作的水平、质量和效能。

评价公共权力行使主体的社会化监督的效果，应从以下几个角度着眼：

（一）全面了解公共权力行使主体的社会化监督的效果

公共权力行使主体的社会化监督效果是整个监督活动所取得的结果，它包括直接效果和间接效果两个方面。直接效果是指可以数量、数字展现出的结果。如通过监督工作，纠正了哪些错误，取得了哪些经济和社会效益，防止、减少和挽回了多少损失，查处了哪些违法违纪行为。间接效果是指不能简单用数量关系表示或计算的效果。例如通过公共权力行使主体的社会化监督，净化了社会政治空气，增强和调动了人民群众的积极性，改善了社会运行秩序等，这些效果虽然无法量化，却是公共权力行使主体的社会化监督最主要的工作。评价公共权力行使主体社会化监督的效果一般应将监督目标、监督计划、监督方案等标准要求与整个监督行为结束后的统计数据、具体事例进行参照对比，及时检查监督工作是否实现了预期目标，解决问题的数量和质量有没有更进一步，监督工作与监督效应与监督计划是否有出入，发现的问题是否及时得到了解决等。

（二）监督主体的考评工作要到位

监督主体的考评工作，就是在全面检查监督工作的基础上，对从事监督工作的机构、组织、人员的监督工作作出整体性考评。内容主要包括以下几个方面：

（1）个体评价，是指对公共权力行使主体的社会化监督工作一般人员和监督工作的领导者的评价。对一般监督工作者而言，在考评上主要是考察他们发现问题、处理问题的能力和执行监督职责过程中的表现。监督职责层面，客观评价他们在实现既定监督目标、执行监督政策、在监督过程中的政治觉悟、思想作风、工作态度、完成监督工作等各个方面的综合体现，并从监督工作的数量、质量等方面科学评判监督者的工作效率；能力层面，主要考察监督者在实际工作中表现出的能力和未来发展潜力之间的内在联系，在监督方案实施中完成监督工作质量和工作时间的关系，以考评监督工作的实施效力和时间有效利用率，进而全面评价他们的综合能力素质。

监督工作领导者的评价也很重要。主要是测评领导者在监督工作中的统筹规划和管理效能。在测评时主要从用人效能、时间维度、管理效能、职责权限等多个方面全面进行测评。用人效能考察领导者对监督工作人员的任用、配备、选拔和使用等监督工作的实际效果，看看他们对监督工作人员的分工是否合理，人员配备是否科学；时间维度，主要测评领导者在既定监督计划内完成的具体工作量，用实际的量化数据考察领导者使用时间和节约时间的能力；管理效能，主要测评领导者在整个组织系统中的作用、实现监督目标的整体效力，看看他们在确立监督目标、分配监督任务、制定监督实施制度和指挥监督者等各个方面的效果完成度；职责权限，主要测评领导者是否权责统一、认真全面地履行工作职责，领导成员之间是否互帮互助、通力合作、团结一致，实现整个监督组织和系统的最佳效能。

（2）综合考评，是对整个监督机构、组织的考评。这是在监督者个体考评的基础上，对监督组织、机构的综合考评。综合考评主要包括：整个组织学习贯彻执行党的路线、方针、政策和国家的法律、法规、制度的情况，监督机构、组织的政治方向、政治路线、政治原则，监督工作的整体效率及综合管理情况等。

（3）群体考评，是对整个监督系统或对整个监督体系的群体性、综合性考评。群体考评是在个体考评和综合考评的基础上，对整个监督系统或监督体系在对公共权力行使主体的社会化监督效能的全面考评，主要考察监督组织、机构之间和监督系统之间的合作、衔接、配合等职能发挥的程度和监督机制整体运转情况等。

对公共权力行使主体的社会化监督全体进行考评和激励，目的是更好地发挥公共权力行使主体的社会化监督的作用，鼓舞先进、鞭策后进。由于考评的结果要和绩效、奖惩紧密相连，在进行考评时一定准确、全面、科学。考评的指标体系要经过周密讨论，方法要人性、标准要合理、方式要科学，这样才能实现考评的公平公正、科学合理，使被考评者能实至名归，如果考评出现赏罚不明、好坏不分、不公平合理，就会起到负面效应和影响。

（三）及时总结监督工作的经验教训

对公共权力行使主体的社会化监督效果进行评价的目的，是要寻找提升监督效能的路径和找出影响监督效果的各种因素。评价监督的效果，不能仅仅满足于陈述事实，更不是简单的罗列情况，而应将在监督实施过程中遇到的问题、取得的成果、存在的不足等深层次分析，并将这些内容上升到理论高度，及时进行总结、提炼和归纳，形成经验教训。这样，才能为今后的公共权力行使主体的社会化监督工作提供更加具有借鉴意义、有价值的精神财富，明确有哪些失败的教训需要下不为例，又有哪些成功的经验可以进一步弘扬。

总结公共权力行使主体的社会化监督工作的经验教训，内容上应有针对性，具体完整，不仅仅要对公共权力行使主体的社会化监督方案实施、执行的经验教训进行总结，还要对监督目标确立、监督方案制订和选择、监督实施、监督测评等一系列内容的经验教训及时进行归纳，公共权力行使主体的社会化监督活动的各个环节、各个阶段都要进行总结。

第二节 公共权力行使主体的社会化监督的发展趋向

一、权力监督运行过程的法治化、公开化、透明化

政治法治化、公开化、透明化，已经成为现代民主政治和民主管理发展的必然趋势。由于公共权力行使主体的社会化监督是现代民主政治的一个重要构成，因而在政治法治化、公开化、透明化的过程中，就必然包含着国家权力监督运行过程的法治化、公开化、透明化。

目前，我国国家权力监督的运行机制和建设正在党的领导和全面依法治国的进程中不断探索、完善和前进。但涉及公民个人对国家权力的制定和运行过程了解的并不多，甚至知之甚少。国家监督机关在监督的具体过程中，也会存在一些问题，有的监督机关更多考虑的是领导意志，宪法和法律的规定往往最后才考虑，这在一定程度上就会降低公共权力行使主体的社会化监督的效率和权威，导致国家权力监督在运行中的不透明和自我封闭。例如，监察机关、检察机关对涉及权力滥用、贪污、腐败官员的重大案件的查处中，在案件审理、新闻报道上，因为考虑的因素太多，畏首畏尾，并没有真正实现权力监督制约的公开、透明，监督和监督运行过程没有实现"阳光"执行，特别是遇到一些突发事件或者经济、政治政策的调整时，国家权力监督运行过程的法治化、公开化、透明化困难重重。

在思考公共权力行使主体的社会化监督的发展趋向上，我们首先要着眼的问题是，以公共权力行使主体的社会化监督助推国家权力监督运行过程的法治化、公开化、透明化，让制定和行使权力的人对权力有所敬畏，这也是评价现代民主国家民主管理和民主建设进一步补充和完善的一个非常重要的环节。

权力监督运行过程的法治化、公开化、透明化，就是公共权力行使主体的社会化监督是充分开放的、透明的，公民通过大数据、新闻媒体、网络时代和通过代议民主制推选出来的代表进行民主监督、参政议政，通过

深入参与充分了解公共权力是否按照法律规定的方案、程序、方法等进行行使，权力的运行有没有真正置于公共权力行使主体的社会化监督的控制和制约之下；民主管理有没有最大限度地维护最广大人民的根本利益要求，公共权力行使主体的社会化监督机制有没有预防和化解不利于国家利益、民族利益、社会利益、人民利益以及不符合社会生产力发展要求的思想、作风和行为，真正做好公共权力行使主体的社会化监督，就需要人民群众监督、舆论监督、社团组织监督和政协监督一起通力合作，各司其职。习近平总书记在2016年党的新闻舆论工作座谈会上强调："新闻媒体要直面工作中存在的问题，直面社会丑恶现象，激浊扬清、针砭时弊，同时发表批评性报道要事实准确、分析客观。"❶ 总的来说，也就是国家权力运行机制和与之相联系的公共权力行使主体的社会化监督的运行，都是一个法治化、公开化、透明化的政治过程。这种法治化、公开化、透明化的政治过程，是社会主义现代化民主政治建设的重要内容。

权力监督运行过程的法治化、公开化、透明化，主要包括以下几个方面：

一是国家权力监督运行过程的法治化、公开化、透明化，也就是行使国家监督权的监督者的行为和活动法治化、公开化、透明化。国家权力监督运行过程的法治化、公开化、透明化，主要指国家监督机关的活动法治化、公开化、透明化和监督者的行为同时也受到监督和制约。如立法监督、司法监督和行政监督的过程完全公开，只要不违反宪法和法律，监督过程中的任何内容、任何人的情况、任何细节都可以通过新闻媒介传播出去，让公众知道、议论和选择。有了群众反映，接到揭发检举，经过查核确有轻微违规违纪行为，就要让犯错误的同志在民主生活会上自我检讨，大家批评帮助，共同敲响警钟。对基层贪腐以及执法不公等问题，要认真纠正和严肃查处，维护群众切身利益，让群众更多感受到反腐倡廉的实际成果。

---

❶ 习近平：《坚持正确方向创新方法手段　提高新闻舆论传播力引导力》[N]，《人民日报》，2017年2月20日。

公共权力行使主体的社会化监督的本质和核心，就是要通过各种监督手段，保护人民当家作主；真正享有各项公民权利，享有管理国家和企事业的权力。但是，如果监督是封闭状态的，人民不知道、不清楚，或知之甚少，就无法保证人民真正当家作主。可见，监督不公开，监督的意义便荡然无存。

二是被监督者（公共权力的行使者）行为和活动的法治化、公开化、透明化。公共权力是由人制定和行使的，因此，公共权力的法治化、公开化、透明化，实质上就是被监督者（公共权力的行使者）的行为和活动的公开化。公共权力的行使者是一个广义的概念，它包括政治计划、政治方案、政治行为和政治活动的参与者、制定者、执行者等各个方面，其中最主要的是制定者和执行者。被监督者（公共权力的行使者）的行为和活动的公开化包括许多方面，例如国家权力机关及其工作人员的活动、财产公开化、透明化，公共政策的选择、行使和实施过程的公开化、透明化，民主管理过程和民主管理程序在实施中的公开化，监督者的工作绩效和个人财产申报情况的公开化、透明化等。其中，监督者在公共权力行使过程中涉及国家机密的一系列行为不包含在内。公共权力运行的法治化、公开化、透明化，是公共权力行使主体的社会化监督的必要前提，没有权力运行的透明机制，没有做到重大决策让人民知道，重大问题经人民讨论，公共权力行使主体的社会化监督就只能是一纸空文。

提高权力监督运行过程的法治化、公开化、透明化，需要采取一系列的手段和方法，其中主要包括：

第一，加强公共权力监督运行公开化、透明化方面的法治建设，使国家权力监督运行过程透明化、法律化。在实施过程中可以把权力监督运行过程和程序的法治化作为一种不可任意改变的、稳定的程序确定下来，人民代表大会制度、选民民意表达、人大会议讨论、重大案件的报道、网络实时转播等，都应有明确法律规定的制度和程序，其目的是使公共权力监督运行公开化、透明化有法律和制度上的保障。

第二，充分运用大数据、新闻媒介，增加对公共权力监督运行过程和程序的及时追踪和报道。权力监督应该在党的路线、方针、政策和法律法规的规定范围内，给作为新闻媒介的网络、报刊、杂志、电视等以一定的自由度、独立性。报道哪些事例，报道到什么样的程度，都应以党的路线、方针、政策和法律法规的规定为准。在此基础上，全面、准确、及时的报道公共权力监督各系统的操作运行过程，包括国家监察机关、检察机关对涉及到贪污、腐败、以权谋私等重大案件的监督查处、国家权力机关中人民代表对国家领导人的选举、质询和罢免等。权力监督运行过程的法治化、公开化、透明化，对于推动我国经济体制改革和民主政治建设，促进公共权力运行的法治化、公开化、透明化，防止和减少民主政治建设过程中的失误，实现国家监督机关同人民群众的紧密联系，培养和提高公民的民主参与意识和奉献服务精神等，都具有着重要的推动作用。

二、发挥公共权力行使主体的社会化监督整体效能

公共权力行使主体的社会化监督的整体效能，也称公共权力行使主体的社会化监督的效能联动机制。我国的国家权力监督系统主要由三个部分构成：国家权力机关的宪法和法律监督；国家检察机关和监察机关的司法监督；国家行政机关的行政法律监督，在行政法律监督中审计监督和监察监督是主要监督形式。税务、工商管理等机构、部门虽然也具有一定的监督职能，但它本质上还是属于行政管理部门，同其他专门行使监督权的机关，如监察机关、检察机关相比，在工作属性、工作权限、工作职责等问题上差距还是很大的，公共权力行使主体的社会化监督运行体制机制，也不属于上述三部分构成。

在国家民主管理、民主政治过程中，由于公共权力行使主体的社会化监督起步较晚，缺乏理论上的研究和指导，难免会出现各种问题。其中非常突出的一个问题，是监督缺乏系统性、整体性，各监督机关之间缺乏协调和联动，面对纷繁复杂的社会问题，往往是程序化监督、单一形式的监督，这样难免会出现权力监督过程中的疏漏。要依据订立的章程、原则进行运

作，激发人们参与监督的热情。[129] 公共权力行使主体的社会化监督要做到行稳致远，就需要在增强整体性、系统性的基础上充分发挥监督的效能联动作用。

发挥公共权力行使主体社会化监督的整体效能，是围绕对国家经济、政治、文化、社会、生态文明建设等各个角度和方面，公共权力行使主体的社会化监督的重要构成都要依据宪法、法律规定，权责清晰、主次分明、分工协调、相互监督，做到应监尽监，不留死角，减少权力监督过程中的各种漏洞。长此以往，公共权力行使主体社会化监督才能真正地发挥其职能和作用，使国家民主管理、民主监督一直处于一种有理、有序、规范化的状态中。

如何充分发挥公共权力行使主体的社会化监督的整体效能呢？可以通过以下几个方面的措施来实现：首先，要把公共权力行使主体的社会化监督内容法律化、规范化、制度化，使公共权力行使主体的社会化监督效能的发挥，不因领导人改变而改变，不因领导人的意志改变而改变。其次，作为公共权力行使主体的社会化监督核心的监督机关，要统筹协调，总体布局，通过立法、司法、行政等方式和手段，确保整体效能作用的充分发挥。由国家权力机关在权力监督的整体效能问题上起统筹和纽带作用。再次，公共权力行使主体的社会化监督各个重要构成要宽领域、多渠道、多方面地进行有关整体效能的理论问题和实践中的新情况、新问题的研讨和探究，实现理论和实践的相结合。最后，公共权力行使主体的社会化监督各个构成之间也需要加强联系，打破部门之间的壁垒，加强横向沟通，这种沟通要以高效、合法、为民为衡量指标。

三、提高公共权力行使主体的社会化监督法律地位

公共权力行使主体的社会化监督的权力，从本质上说，是宪法、法律法规规定的一种监督权，它包括对国家权力机关在宪法、法律法规制定上的监督权、监察机关的监察权、检察机关的检察权等。提高公共权力行使

主体的社会化监督的法律地位，就是要对这些宪法、法律法规规定的监督权作出清晰的界定。宪法、法律法规规定得越精准、清晰，越能彰显此项监督的意义，说明公共权力行使主体的社会化监督的法律地位愈加重要。

从对公共权力行使主体的社会化监督系统的三个层面的法律法规来看，宪法作为国家的根本大法，主要是对国家权力机关、行政机关、司法机关、监察机关、检察机关等行使监督权，有着明确的指导作用；法律对国家权力机关、行政机关、司法机关、监察机关、检察机关等怎样行使监督权，有明确的、具体的规定。强化公共权力行使主体的社会化监督各构成的监督职能和充分发挥公共权力行使主体的社会化监督的整体效能，都离不开公共权力行使主体的社会化监督法律地位的提升。在民主政治的发展进程中，当权力运转缺乏必要的监督和制约时，权力滥用、贪污腐败的现象时有发生，这些都和公共权力行使主体的社会化监督的法律地位的认可度不高，没有明确的、具体的监督条例和内容有着直接的联系。在公共权力行使主体的社会化监督的发展和建设过程中，绝不能把公共权力行使主体的社会化监督作为一种政策性的、理论性的认知习惯，更需要将其法律化、规范化、制度化，实现权力监督制约有法可依，有法必依，执法必严，违法必究。

作为未来的一种发展趋势和必然，提高公共权力行使主体的社会化监督法律地位的主要内容包括以下几个方面：

第一，把"公共权力行使主体的社会化监督权"纳入宪法的相关规定。全国人民代表大会及其常务委员会是我国的最高国家权力机关，行使国家的立法权。在全面依法治国的进程中，全国人民代表大会及其常务委员会依据宪法赋予的职权，在立法方面做了很多扎实而有效的工作，建立了以宪法为核心和基础的中国特色社会主义法律体系。但是，公共权力行使主体的社会化监督工作在现实中还是比较薄弱的，针对这一问题应引起足够的重视，要加强公共权力行使主体的社会化监督，不断提升公共权力行使主体的社会化监督的法律地位。科学立法、严格执法、公正司法、全民守法都需要有监督的助力，是法治中国建设中非常重要的一个环节。要加快推进公共权力行使主体的社会化监督立法工作，加强权力运行过程中监督和制约，建立健全预防、惩治腐败的法律体系，严厉打击权力运行中的滥用、腐败贪污现象。完善惩治贪污贿赂犯罪法律制度，把贿赂犯罪对象由财物扩大为财物和其他财产性利益。推进严格司法，坚持以事实为根据、以法律为准绳，推进以审判为中心的诉讼制度改革，实行办案质量终身负责制和错案责任倒查问责制。一系列权力滥用、腐败贪污的案例证明，单纯的立法，没有监督的法律法规，权力监督和制约就无法更加有效地实现。而国家监督机关在监督权力运行存在的各种不足、监督效能的低下，主要原因就在于宪法中没有明确和突出国家权力机关的各项监督权，其中也包括公共权力行使主体的社会化监督。从另一角度讲，今后要加强和完善公共权力行使主体的社会化监督方面的职权，也要做到有法可依、执法必严。因此，仅仅是全国人大及其常委会行使国家立法权是不够的。应在确定全国人大及其常委会的立法权的同时确定国家权力机关的各项监督权以及公共权力行使主体的社会化监督权，凸显国家权力监督制约的重要地位。

第二，确立以人民为中心监察权的法律地位。现代社会中，人们愈发认识到监察权在权力监督中的重要地位。监察权也正在国家机关的一系列监督中发挥着极其重要的作用。但以人民为中心监察权的规定和实施，在宪法和法律的相关规定中并没有明确的提出。明确以人民为中心监察权，既能增强以人民为中心监察权的权威性、合理性和合法性，也能进一步体现另一项监督职能的重要作用，那就是审计监督权。确立以人民为中心监察权的法律地位，应在宪法中作出明确规定：人民监察机关依照法律规定独立行使监察权，不受其他行政机关、社会团体和个人的干涉。人民监察权的权威性、强制性、独立性、全面性等优势特点也可以尽可能地展现出来。因此，应尽快商议、制定、颁布以人民为中心监察权的法律法规，明确以人民为中心监察权的原则、地位、内容、程序、对象等，使以人民为中心监察权的宪法规定规范化、具体化、程序化。

第三，将行政机关中审计监督权在宪法中的规定规范化、具体化、程序化。宪法中明确规定了审计要独立。但审计权的特殊地位在权力监督中并未真正重视，审计活动在很多情况下很难发挥应有的作用。这也充分表明，审计监督权在相关法律法规中虽然一直都有，但如果仅仅停留在纸质的文件中，它也无法真正地行使其职权去更好地解决实际中的问题。一方面审计监督法的制定是一个重要的内容，另一方面如何更好将审计监督法落地落实，也是要必须思考的一个问题。

长远来看，有关公共权力行使主体的社会化监督机制运行的法律体系应当尽快建立，有利促成全面依法治国格局的实现。公共权力行使主体的社会化监督法律体系主要包含两个层面：第一个层面是宪法，比如确立公共权力行使主体的社会化监督权的宪法规定和各监督构成运行的宪法规定；第二个层面是法律，比如国家权力机关的宪法和法律监督，监察机关的监察，检察机关的司法监督，公共权力行使主体的社会化监督中的地位、监督的原则、范围、程序、监督运行的实际操作等，都应当有科学、具体、全面、明确的制定。法律化、科学化、程序化、制度化的公共权力行使主体的社会化监督，才能真正发挥其实实在在的监督效能。

四、形成公共权力行使主体的社会化监督的权力制约机制

公共权力行使主体的社会化监督的最终目的，是保证权力的运转在阳光下进行，实现人民当家作主，管理国家事务，行使国家权力，为实现全面建设社会主义现代化国家保驾护航。

在封建社会，帝王是整个社会的最高统治阶级，个人的权力远远凌驾于法律之上，而帝王的言行不受法律的约束和限制。当个人的欲望、私欲无法控制时，就会给社会带来灭顶之灾，人们的生活更是苦不堪言。在现代社会，人民通过代议民主制选举人民代表组成人民代表大会，人民代表大会行使立法权，选举国家行政机关，行政机关对权力滥用、渎职、失职的官员进行罢免。在法律法规的规定下，人们可以通过各种渠道和手段行使选举权、监督权。现代民主制国家不断发展和进步，根源就在于形成了

公共权力运转过程中的权力监督制约体制机制。因为国情不同，性质不同，发展程度不同，我们必须要清楚社会主义国家和资本主义国家的明确界限，我们要坚定地走自己的道路，对于资本主义国家的民主实践我们要批判吸收，绝不能照抄照搬。

在我国，形成公共权力行使主体的社会化监督权力制约机制，具有极其重要的现实意义。中国自古以来都是一个统一的多民族国家，民主政治、公共权力与我国的经济、政治、文化、社会、道德、家庭和个人都有着十分紧密的联系。中华人民共和国成立以来，我国在经济、政治、文化、社会、生态文明建设中都取得了举世瞩目的成就，特别是随着我国改革开放的程度不断加深，要清醒认识到对公共权力行使主体进行有效的制约和监督是关系我们党和国家前途命运的重大问题，公共权力行使主体的社会化监督十分必要。社会历史的发展表明，应对公共权力的运行进行社会化监督和制约。

建立和完善具有中国特色的对公共权力行使主体社会化监督的权力制约机制，有两个极其重要的问题首先必须明确：

第一，建立和完善具有中国特色的对公共权力行使主体社会化监督权力制约机制，必须坚持党的全面领导。中国人民将继续在党的全面领导下，在马克思列宁主义、毛泽东思想、邓小平理论、"三个代表"重要思想、科学发展观、习近平新时代中国特色社会主义思想指引下，坚持人民民主专政，坚持走中国特色社会主义道路，坚持改革开放，不断完善社会主义的各项制度，发展社会主义市场经济，发展社会主义民主，健全社会主义法治，立足新发展阶段，贯彻新发展理念，构建新发展格局，独立自主，自力更生，实现经济、政治、文化、社会、生态文明建设全面协调发展，把我国建设成为富强、民主、文明、和谐、美丽的社会主义现代化强国，最终实现中华民族伟大复兴的中国梦。历史用铁一般的事实证明，中国共产党是中国革命、建设、改革的领导核心，是中国人民在实践中做出的正确选择。中国人民选择共产党的领导，选择社会主义道路，是共同认识的期盼，反映了社会历史发展的必然趋势。走中国特色社会主义道路，就不能没有共产党的领导。

没有中国共产党的领导，就没有中国的社会主义。因此，就建立具有中国特色的对公共权力行使主体社会化监督的权力制约机制而言，坚持中国共产党的领导，必须具体体现在对公共权力行使主体社会化监督的权力制约机制的各个方面、各个环节和各个层次之中。按照中国共产党章程的规定："党的领导主要是政治、思想和组织的领导。"政治领导，即正确的路线、方针、政策和政治方向的领导；思想领导是政治领导、组织领导的重要前提和基础；组织领导是政治领导、思想领导的重要保证。在完善对公共权力行使主体社会化监督的权力制约机制的过程中，只有将这三者很好地统一起来，才能更好地坚持社会主义的方向，尽量避免在方向和道路上出现各种偏离和失误。

第二，建立和完善有中国特色的公共权力行使主体社会化监督的权力制约机制，必须进一步完善人民代表大会制度这一根本性政治制度。我国宪法规定："中华人民共和国的一切权力属于人民。人民行使国家权力的机关，是全国人民代表大会和地方各级人民代表大会。""中华人民共和国的国家机构实行民主集中制的原则。"人民代表大会制度是我国的根本政治制度，它的特点是人民根据民主集中制的原则，通过选举组成全国人民代表大会和地方各级人民代表大会；在人民代表大会和行政机关、司法机关、监督机关等其他机关的内在关系中来看，人民代表大会是权力机关，行政机关、司法机关、监督机关等其他机关是执行机关。各级人民代表大会和一切国家机关工作人员都要以人民为中心，对人民负责，自觉接受人民的监督；执行机关必须接受人民代表大会的领导和监督。全国人民代表大会制定法律和其他法规，决定和组织行政机关、司法机关、法律监督机关以及其他国家机关，赋予宪法和法律所规定的相关职能。坚持权为民所谋、权为民所用、权为民所利，决不允许在群众面前自以为是、盛气凌人，决不允许当官做老爷、漠视群众疾苦，更不允许欺压群众、损害和侵占群众利益。人民代表大会制度体现了党的主张和人民意志的高度统一，体现了人民当家作主的本质要求。社会总是在发展进步，目前我国的人民代表大会制度还需要进一步完善，相关功能和作用还没有完全得以发挥，特别是监督运转、监督内容、监督方法等都还没有法制化、制度化、程序化。建立和完善公共权力行使主体的社会化监督的权力制约机制，并不是照搬西方的分权制衡，在我国的现实国情中，与西方的政治制度和政党制度还有着明显的区别，社会主义民主政治、全面依法治国和社会主义国家职能也不允许复制西方的政治体制和政治制度。建立和完善公共权力行使主体的社会化监督的权力制约机制，就是要进一步完善人民代表大会制度，使各级人民代表大会成为人民自己选择的、体现社会主义性质、有着最高权威的权力机关，并在最高国家权力统一于全国人民代表大会的前提下，在完善公共权力行使主体的社会化监督的运行机制中，借鉴分权制衡理论的合理内容，通过公共权力行使主体的社会化监督职能的有效发挥，使各级监督机关把公平与效率、民主与科学、监督与制约、职责和职权等有机地结合起来，在建设富强、民主、文明、和谐、美丽的社会主义现代化国家中充分发挥各自的作用和职能。

要有效走出我国公共权力行使主体的社会化监督功能结构性弱化的困境，我们就必须从完善公共权力行使主体的社会化监督职能与其他国家公共职能的总体协调和效应联动中寻找出路。我们需要客观地认识到：公共权力行使主体的社会化监督是国家诸职能中基础性、结构性的职能，它与其他公共权力监督制约的发展应并驾齐驱，同步进行，公共权力行使主体的社会化监督职能是公共权力监督制约得以实现的必要条件。总之，我们需要：首先，要将公共权力行使主体的社会化监督职能与其他公共权力监督的职能有效地结合在一起。公共权力行使主体的社会化监督机构应当在有关国家机关中设置独立的监督机构，并将监督原则、监督方案、监督制度和程序写入公共权力运转的工作机制中，使监督机制与国家机关的权力运转机制实现同频共振，确保国家机关的活动处于公共权力行使主体的社会化监督之中。其次，完善现有的公共权力行使主体的社会化监督机构。我们必须从国家机关机构设置的整体谋划和有效协调的角度来完善现有的公共权力行使主体的社会化监督机构，要使它们能够有效发挥作用。目前，一些公共权力行使主体的社会化监督机构并没有起到应有的权力监督制约作用。在公共权力运转过程中，监督只是整个运转流程的附属工作。要建立一系列公共权力行使主体的社会化监督机构，如国家权力机关应当建立实施宪法监督、行政监督、司法监督、公共权力行使主体的社会化监督相协调的机构，建立进行实施监督信息收集、监督方案编制、监督办法实施的机构等；国家行政机关要建立监督管理机构、经济监督机构、人民监察机构以及各类社会监督机构；司法机关要建立自我检查、自我监督机构等。最后，增加用于公共权力行使主体的社会化监督的整体投入。要切实增加用于公共权力行使主体的社会化监督的人力、物力和财力的有效投入。在国家财力许可的情况下，在近年内，应当使用于公共权力行使主体的社会化监督的投入量等同于用于其他国家职能的投入量，并保持稳定投入。

公共权力行使主体的社会化监督是中国特色社会主义监督体系高效、生态、低耗地服务于国家现代化事业的宏大工程之一，它的实现将对我国国家权力监督机制的完善产生深远的影响。当然，我们还须对此作出极大的努力。

第七章

结论

社会主义制度下，公共权力行使主体的社会化监督的根本任务是发现、揭露、纠正和预防一切违背国家法律、法规、规章制度和社会主义原则倾向的行为，促进党政机关及其工作人员不断调整，改革和完善生产关系与上层建筑，有效地组织和发展社会生产力，消除社会矛盾，调动一切积极因素，保证社会主义现代化建设按照客观规律顺利、高效、健康地向前发展。作为基础环节的公共权力行使主体的社会化监督，在整个社会主义国民经济和社会发展的过程中，有着十分重要的建构价值和意义。

公共权力行使主体的社会化监督与"四个全面"战略布局和新发展格局是辩证统一的。公共权力行使主体的社会化监督是全面建设社会主义现代化国家的直接受益者，全面建设社会主义现代化国家需要公共权力行使主体的社会化监督提供力量支撑。公共权力行使主体的社会化监督要服务全面深化改革，要在全面深化改革中把公共权力行使主体的社会化监督事业推向前进。公共权力行使主体的社会化监督是全面依法治国的重要力量，要在全面依法治国中推进公共权力行使主体的社会化监督工作的法治化。公共权力行使主体的社会化监督有助于实现全面从严治党，要以全面从严治党的精神巩固和发展公共权力行使主体的社会化监督。"四个全面"战略布局和新发展格局为公共权力行使主体的社会化监督事业发展提供了新机遇，也给公共权力行使主体的社会化监督工作提出了新的、更高的要求。厘清两者的关系有利于公共权力行使主体的社会化监督更好地服务于"四个全面"战略布局和新发展格局。

公共权力行使主体的社会化监督是人民当家作主要求的重要体现。社会主义民主政治本质，就是人民当家作主。人民当家作主不仅体现在选举制度、国家管理制度方面，同时还体现在人民群众对国家机关及其工作人员的监督方面。我国宪法对公民享有的监督权作了明确的规定：全国人民代表大会和地方各级人民代表大会，对人民负责，受人民监督，国家机关和国家工作人员有接受公民监督的法律义务，是社会主义民主的重要体现。公共权力行使主体的社会化监督是保障社会主义民主政治制度的重要手段，没有有效的公共权力行使主体的社会化监督体制机制，也就没有真正的社会主义民主制度。

公共权力行使主体的社会化监督是消除不正之风和反腐倡廉的重要途径。我们的党和政府历来重视廉政问题。党的十一届三中全会以来，在改革开放现代化建设的过程中，先后制定了一系列廉政政策和措施，同不正之风和腐败行为作斗争，惩处了一批腐化堕落分子。但是由于种种复杂的原因，当前在国家机关和国家机关工作人员中存在的各种腐败现象还没有得到根治。要消除这些腐败现象，除了专门机关进行铁面无私的监督和惩处外，从根本上来说，必须依靠公共权力行使主体的社会化监督的力量。

公共权力行使主体的社会化监督是实现国家治理体系和治理能力现代化的重要条件。在我国，推进国家治理体系和治理能力现代化，就必须加强社会主义民主政治的建设，不断完善公共权力行使主体的社会化监督机制，提高国家机关活动的开放程度，重大政情让人民知道，重大决策与人民协商，重大行动要人民参与。在实现国家管理职能过程中要有公共权力行使主体的社会化监督。国家的管理职能包括制订国民经济和社会发展规划、计划；制订并颁布重大的经济技术政策、法规、条例、规章；协调部门、地区、企业之间的发展计划和经济关系等。所有这些职能的转变和实现都要人民群众知道，都要人民群众贯彻执行，实现国家的管理职能离不开公共权力行使主体的社会化监督。

公共权力行使主体的社会化监督是严肃社会主义法律的重要手段。在社会主义经济建设和社会活动中，各种违法乱纪的行为依然存在，各种不正之风、官僚主义、弄权渎职、贪污受贿、腐化堕落、营私舞弊、以权谋私、偷税漏税、投机倒把等现象，都会给社会发展造成极为严重的破坏和危害。社会主义国家通过公共权力行使主体的社会化监督，不仅能够及时发现和纠正这些违法乱纪现象，而且能够及时了解和掌握情况、堵住漏洞、建立健全各种规章制度，为社会主义经济和社会的发展提供合理合法的保障制度，同时还可教育人们自觉地增强法治观念，健全社会主义法治，维护社会主义社会秩序，严肃社会主义法纪。

在社会主义现阶段，我们必须清醒地看到，在我们党内和社会中腐败现象依然存在，并未根除，以习近平总书记为代表的党中央对腐败问题的高度重视，体现了全党和全国人民的意愿。公共权力行使主体的社会化监督，作为国家管理社会事务的重要职能和手段，其重要任务就是要对社会可能产生和产生的腐败现象加以预防、揭露、纠正和处理，以保证社会主义现代化建设的持续、健康和高效发展。

参考文献

[1] 马克思，恩格斯. 马克思恩格斯选集（第1卷）[M]. 北京：人民出版社，1995.

[2] 马克思，恩格斯. 马克思恩格斯选集（第3卷）[M]. 北京：人民出版社，1995.

[3] 马克思，恩格斯. 马克思恩格斯文集（第3卷）[M]. 北京：人民出版社，2009.

[4] 刘文鹏. 清朝监察制度的特点与弊病[J]. 中国纪检监察，2022（7）：62-63.

[5] 赵增彦. 新加坡如何反腐倡廉[J]. 理论导刊，2006（5）：81.

[6] 张晓慧. 瑞典廉政文化建设对我国的启示[J]. 理论导刊，2017（24）：117.

[7] 刘作翔. 扩大公民有序的政治参与——实现和发展社会主义民主的一条有效途径[J]. 求是，2003（12）：42.

[8] 王成志. 论社会主义权力监督模式[J]. 科学社会主义，1997（1）：22.

[9] 俞可平. 善政：走向善治的关键[J]. 当代中国政治研究报告，2004（9）：17.

[10] 邵玉芹，刘家用. 民主政治视野下的国家权力主体研究[J]. 行政与法，2009（1）：21.

[11] 马宝成. 完善政府职能体系、机构体系、法治体系、运行体系[J]. 国家治理，2020（46）：18.

[12] 周光辉. 当代中国政治发展的十大趋势[J]. 政治学研究，1998（3）：33.

[13] 孙学玉，杜万松. 政治民主向行政民主拓展的逻辑与保障[J]. 中共中央党校学报，2004（3）：50.

[14] 熊彼特. 资本主义、社会主义与民主 [M]. 北京：商务印书馆，1999.

[15] 卢梭. 社会契约论 [M]. 北京：商务印书馆，2003.

[16] 罗伯特·帕特南. 使民主运转起来 [M]. 南昌：江西人民出版社，2001.

[17] 师泽生，李猛. 试论西方选举与民主的关系及其启示 [J]. 理论学刊，2011（8）：82.

[18] 兰运华. 略论对权力的有效监督 [J]. 理论前沿，2003（2）：39.

[19] 张华，王能昌. 论我国社会转型中的群众监督 [J]. 求实，2004（1）：57.

[20] 赵三军，颜世顾，马海波. 试论我国群众监督体制建设 [J]. 中共山西省委党校学报，2004（1）：23.

[21] 田旭明. 制度反腐与网络反腐的互动互促 [J]. 理论探索，2013（3）：42.

[22] 约瑟夫·奈. 权力大未来 [M]. 北京：中信方出版社，2012.

[23] 约瑟夫·奈. 美国世纪结束了吗？ [M]. 北京：北京联合出版公司，2016.

[24] 杰瑞米·波普. 制约腐败：建构国家廉政体系 [M]. 北京：中国方正出版社，2003.

[25] 迈克尔·罗斯金. 政治科学 [M]. 北京：华夏出版社，2000.

[26] 马克思，恩格斯. 马克思恩格斯全集（第3卷）[M]. 北京：人民出版社，1998.

[27] 马克思，恩格斯. 马克思恩格斯全集（第22卷）[M]. 北京：人民出版社，1979.

[28] 戴维·波普诺. 社会学 [M]. 北京：中国人民大学出版社，1998.

[29] 社会学概论编写组. 社会学概论 [M]. 天津：天津人民出版社，1984.

[30] 马克思，恩格斯. 马克思恩格斯全集（第42卷）[M]. 北京：人民出版社，1979.

[31] 马克思，恩格斯. 马克思恩格斯全集（第3卷）[M]. 北京：人民出版社，1960.

[32] 邓小平. 邓小平文选（第1卷）[M]. 北京：人民出版社，1994.

[33] 马克思，恩格斯. 马克思恩格斯全集（第23卷）[M]. 北京：人民出版社，

1972.

[34] 列宁. 列宁文稿（第 2 卷）[M]. 北京：人民出版社，1978.

[35] 古德诺. 政治与行政 [M]. 北京：华夏出版社，1987.

[36] 列宁. 列宁全集（第 33 卷）[M]. 北京：人民出版社，1984.

[37] 毛雷尔. 行政法总论 [M]. 北京：法律出版社，2000.

[38] 王志坤. "法律监督"探源 [J]. 国家检察官学院学报，2010（3）：33.

[39] 马克思，恩格斯. 马克思恩格斯选集（第 2 卷）[M]. 北京：人民出版社，1995.

[40] 邓小平. 邓小平文集（中卷）[M]. 北京：人民出版社，2014.

[41] 曹振鹏. 论统一战线要为全面深化改革服务 [J]. 中央社会主义学院学报，2014（2）：56.

[42] 李志刚. 建立选民监督代表制度的思考 [J]. 人大研究，2004（12）：41.

[43] 列宁. 列宁全集（第 9 卷）[M]. 北京：人民出版社，1987.

[44] 列宁. 列宁选集（第 2 卷）[M]. 北京：人民出版社，1972.

[45] 列宁. 列宁选集（第 23 卷）[M]. 北京：人民出版社，1975.

[46] 马克思，恩格斯. 马克思恩格斯全集（第 1 卷）[M]. 北京：人民出版社，1995.

[47] 王能昌，叶东. 毛泽东人民监督思想与我国政治社团监督 [J]. 南京政治学院学报，2005（5）：22.

[48] 聂松青. 毛泽东"人民监督政府"思想与我国政治社团监督 [J]. 南昌大学学报，2007（1）：36.

[49] 徐大同. 西方政治思想史（第 4 卷）[M]. 天津：天津人民出版社，2006.

[50] 康德. 判断力批判（下）[M]. 北京：商务印书馆，1964.

[51] 黑格尔. 法哲学原理 [M]. 北京：商务印书馆，1961.

[52] 陈志良，杨耕. 论马克思的社会有机体理论 [J]. 哲学研究，1990（1）：38.

[53] 张琢，马福云. 发展社会学 [M]. 北京：中国社会科学出版社，2001.

[54] 马克思，恩格斯. 马克思恩格斯选集（第 2 卷）[M]. 北京：人民出版社，

1995.

[55] 马克思，恩格斯.马克思恩格斯全集（第46卷）[M].北京：人民出版社，1979.

[56] 张雯.中外监督制度比较及启示[J].黑龙江教育学院学报，2014（9）：200.

[57] 宋鸥.西方的议会监督[J].吉林人大工作，1999（10）：38.

[58] 孙玉堂.畅通群众监督渠道推进反腐倡廉建设[J].先锋队，2009（8）：26.

[59] 常光民，唐晓清.论执政党拒腐防变机制的功能和构建思路[J].湖湘论坛，2005（5）：6.

[60] 于红.当前反腐倡廉舆论监督存在的问题及对策[J].河北学刊，2008（9）：133.

[61] 吴海红.反腐倡廉建设中的社会监督机制研究[J].中共福建省委党校学报，2012（2）：50.

[62] 列宁.列宁选集（第3卷）[M].北京：人民出版社，2012.

[63] 弗里蒙特·E.卡斯特，詹姆斯·罗苏茨韦克.组织与售理——系统方法与权变方法[M].北京：中国社会科学出版社，1985.

[64] 辛刚国.完善民主监督程序 增强民主监督效力[J].广州社会主义学院学报，2011（1）：10.

[65] 李扬章.试论正当监督程序的价值和内涵[J].人大研究，2015（9）：26.

[66] 庄德水.论公民社会的权力监督功能[J].四川行政学院学报，2008（3）：13.

后 记

时光荏苒，岁月如梭。能够完成该书，我首先要衷心感谢我的导师田芝健教授。田芝健教授指引我在学术研究上更上一层楼，让我学会了如何更好地思考、归纳和写作，学会了要用理论穿透现实、用思想启迪智慧。本书的思考、写作、修改凝结了田芝健教授的思想和心血。

本书之所以能够顺利完成，也离不开整个苏州大学马克思主义学院的研究旨趣和学术氛围，与学院进行的各种课题研讨、学术讲座为我带来了最前沿的学术信息，每次拜读诸位教授的研究成果都让我受益匪浅。衷心感谢方世南教授、夏东民教授、吴声功教授、朱炳元教授、姜建成教授等老师带给我思想上的灵感迸发与学术上的指导。

最后我要感谢我的家人，没有家人们对我的全力支持，我也无法完成本书的撰写工作。感谢家人们对我的无私帮助和鼓励。

本书对于自己而言，是终点也是起点，还有很多的问题需要在以后的道路中继续深入探索和研究，未来的路还很长很长。

王周刚

2023 年 3 月 6 日于苏州